大都會文化
METROPOLITAN CULTURE

大都會文化
METROPOLITAN CULTURE

話不投機半句多

THE BEST WAY TO TALK

30歲前一定要學會的99種說話技巧

|全新修訂版|

第一章

人際溝通……9

第二章

職場應對……49

第三章

第四章

朋友互動……133

第五章

第六章

親密關係……213

第　一　章

人際溝通

01 一個好的開始

寒暄問候時說的話，雖然表面上看起來是無關痛癢的廢話，但若少了這些廢話，人際之間的交往便少了誠摯與和諧。

寒暄是人們見面時所說的一些看似無關痛癢的應酬話，但它在與人交往中卻是十分必要的，能夠創造一種和諧融洽的交流氣氛。那麼怎樣選擇寒暄話題呢？可從以下幾個方面考慮：

⑴以身邊的人和事作為寒暄話題

一句「今天天氣很好」，可以使公車上兩個素不相識的人交談起來。在生活中，這種寒暄話題是可以信手拈來的。宴會上可說，今天的晚餐很豐盛，生魚片很新鮮；在朋友家中可說，這房間布置得很漂亮；在捷運列車上可說，今天捷運站人真擠……。

另外，我們還可以以身邊的人，尤其是對方親近的人作為寒暄話題。比如你初次到朋友家去做客，如果朋友家有老人或孩子，老人或孩子便是寒暄的最好話題。這樣，既能引起對方的興趣，也能使對方覺得你這個人隨和，容易接近，於是就會很自然地與你交談起來。

⑵以對方感興趣的事作為寒暄話題

如你有事要求別人，最好先了解對方的興趣，以對方感興趣的事作為寒暄話題。如對方喜歡音樂，你不妨先與他談談貝多芬、莫札特，談談藍調、爵士樂、當代鋼琴家等等。如果你對音樂略知一二，就能相談甚歡，對方會把你當知己；如果你對音樂不在行，也不要緊，可趁機向對方討教，這樣既顯示出自己的謙遜有禮，又拓展了音樂見聞。

如果你有事要會見一位陌生人，先盡量從朋友那裡打聽一些那個人的情況，為成功的寒暄作好準備。對於沉默寡言的朋友，最好在平時就注意觀察他的一些興趣愛好，注意他平時喜歡參加什麼活動，有什麼特別的嗜好，這樣，碰到這位朋友時，就可以挑那些他熟悉而有興趣的話題與他寒暄。

(3)以時事、新聞作為寒暄話題

時事、新聞是大家比較了解的客觀情況，以此作為寒暄話題，能夠引起人的共鳴。大至國際、國內大事，小至家庭瑣事，都可做為交談的題材，但需注意開啟話題時要因人而異，以對方的興趣愛好為主。如對深居簡出的家庭婦女大談國際局勢，或者對關心時勢、知識淵博的學者東家長西家短的聊八卦，必然難以找到共同點，有時這樣的寒暄話多了，可能會引起對方的反感。所以，在以時事、新聞為話題與人寒暄時，一定要觀察對方是否感興趣，能否引起對方交談的興致。

找好寒暄話題後，就要考慮採取何種寒暄形式了。寒暄的形式多種多樣，如以眼前的景物作為描述的描述式，嘘寒問暖的問候式，對人與事物進行簡單評論的評論式，對對方的優點、長處為讚美對象的誇讚式等等。要根據不同對象的不同特點，採取恰當的寒暄形式，使寒暄真正起到應有的作用。

02 打開話匣子

個性內向或城府較深的人，通常不會輕易向陌生人吐露心聲，但倘若繼續保持沉默，這樣的談話就不可能有任何收穫。

提示對方某種無意識的舉動，也是揭開話匣子的最佳途徑。譬如，你發現對方用手指不斷地輕敲桌面，就可以順口發問：

「你平常喜歡彈鋼琴或是其他樂器嗎？」

遇到喜歡在桌面用小指尖劃寫的人，就應該說：

「哇！你的小指既纖細又秀麗……」

這一類的話題，必定能夠吸引對方的注意力，進而卸下警戒心，自然可以融洽地溝通雙方的意見了。

街頭藝人時常會在路旁的空地劃個圓圈或三角形，於四周擺設一些成品，自己站在當中口中喃喃低語……路人往往會好奇地駐足圍觀，攤販遂伺機扯開嗓門大吼：

「各位鄉親！兄弟很榮幸地向大家介紹……」

這樣，他們常能圓滿地達成招攬生意的目的。

相同地，遊說者可以做一些小動作，引發對方的好奇心，繼而消除無言以對的尷尬。

有位剛出道的新聞記者，到一家人人皆公認即將倒閉的公司，訪問該公司的公關經理。對方嚴陣以待，拒絕提供任何進一步的消息。記者的經驗不足，雖然有無可奈何之感，卻不甘心就此打退堂鼓，遂預備採取持久戰。

記者想藉抽菸來解悶，摸遍全身衣褲的口袋，竟然找不到香菸，只得走到衣架旁，想到風衣口袋裡搜尋。那位經理忍不住用關懷的語氣探問：

「有什麼事需要我效勞嗎？」

記者紅著臉，把原委告訴對方。經理莞爾一笑，立刻熱忱地取出自己的菸，請記者同享吞雲吐霧之樂。經過此一轉折，雙方開始暢談，記者如願以償，作了一次詳實而精彩的獨家報導。

這樁事例，彷彿「無心插柳柳成蔭」一般，記者歪打正著地取得開啟對方心靈的鑰匙。但是見微知著不嫌多，此種藉小動作消除對方警戒心的方法，倒是頗值得我們借鑑。

03 不要老把自己擺第一

驕傲的人是不受歡迎的，吹噓自己的人更會令人討厭，謙虛並不等於貶低自己，而是用另一種更好的方式表達自己。

美國啟蒙運動的開創者富蘭克林是個具有高道德標準的人，早年的時候曾為自己立下一份「品德表」，列舉十二項他所嚮往要達到的美德，時時砥礪自己。經過幾年的身體力行，也獲得了相當多人的敬重，但後來他又發現到一件應當實踐的美德，那就是謙虛。

他在原本的品德表上，加上了謙虛這一條。自此之後，富蘭克林確實收斂了自傲的態度，處處小心，避免觸犯別人的感受，並改掉自己過去經常使用的且帶有武斷性質的口頭禪。經過一段時間，他發現用謙虛的態度陳述問題時，反而更容易被接受，且絕少遭人反對。

「在自我矯正的過程中，當然遇到了很多的困難，因為要克服自己的本性；但堅持下去後，習慣成自然，慢慢的也就習慣了。同時，在改善自己的過程中，要處處注意談話的藝術，時常壓制自己，讓對方做一個擅長雄辯的人。」富蘭克林雖自認成功是虛心所致，但寬容與溫和的成效是誰也不能否認的。在談話中若使用強硬的態度，想必對方一定會立刻感到威脅而報以反對或敵視，這樣一來，必定無法得到好的談話效果。

無論說什麼樣的話，無論在任何環境之下，所說的話是有意或是無意，對方是會仔細傾聽並詳加分析的，在這種情形下，有時候會和說話者原意大相徑庭。比如，你在敘述一件自己感到得意滿足的事情，你認為這樣可以表現出自己的膽量、機警和長處，但對方是否會有同感呢？也許有，也許沒有，這就要看你如何運用表情、談吐去影響他，使他感同身受！

在人際交往中，「我」字是經常會講到的。但「我」字怎麼用，卻大有學問。「我」字講得太多，過分強調，就會給人突出自我、標榜自己的印象，這會在對方和你之間築起一道防線，形成障礙，影響交往的深入。

因此，會說話的人，在語言傳達中，必須掌握「我」字運用的分寸。怎樣才能做到這一點呢？下面的建議可供借鑑：

(1)盡量用別的詞代替「我」

在許多情況下，可以用「我們」一詞代替「我」。以複數的第一人稱代替單數的第一人稱，可縮短雙方的心理距離，促進彼此情感的交流。

比如：「我建議，今天下午……」可以改成：「今天下午，我們……好嗎？」

(2)能省略「我」字的時候，就不必說出

比如：「我對我們公司的員工最近做過一次調查統計，（我）發現有百分之四十的員工對公司有不滿情緒，（我認為）這些不滿情緒來自獎金的分配不公，（我建議）是不是可以……」

第一句用了「我」，主詞已經很明確，那麼後面幾句中的「我」不妨統統省去。這對句子意思的表達毫無影響，且能使句子顯得更簡潔，避免不必要的重複，還能使「我」不至於太突出。

(3)盡量以平穩和緩的語調淡化「我」字

講「我」時，「我」字不要讀成重音，語音不要拖長，目光不要咄咄逼人，表情不要眉飛色舞，神態不要得意洋洋，語氣也要平淡。應該把表達的重點放在事件的客觀敘述上，而不要突出做這件事的「我」，更不要使聽的人，覺得你高人一等，是在吹噓自己。

04 「潮」出時尚味

「流行語」緊扣著時代的脈搏，折射著生活的風采，為人們的日常言談增添著魅力與色彩。

流行用語並不一定是一個國家或民族傳統的共同語、規範語，它有較強的地域及時間特徵。例如大學生搞砸考試後會說「GG」；稱讚漂亮女生說「萌」。有些流行語在傳遞中擴大了範圍，如韓國歌手PSY的爆紅「江南style」，現在其他不少地方也用開了，以style做結尾的詞開始大量出現。

在日常談話、交往活動中，恰到好處地使用流行語可以發揮多方面的作用。

⑴**可豐富、活絡談話氣氛**：談話氣氛既包括話題、語調、聲音，也指詞句的篩選與錘煉。現實生活中有些人與別人交談時老是一種腔調，老運用一些自己重複多遍、陳舊蹩腳的詞句、口頭禪，毫無新鮮明朗的氣息，給人的感覺是迂腐而沉悶。跟上時代的步伐，注意吸收運用流行的詞句，可以使自己的談吐變得豐富多彩，永遠保持談話色調的生機、活力，使話語日日常新。

⑵**可溝通聯繫，增進親切感**：愉快順利的交談，往往離不開流行語的使用。比如稱呼別人，以前多是「師傅」、「××長」，現在多用「小姐」、「老闆」，這樣更能增強談話雙方的親近感、尊敬感，臺灣科技業裡的高學歷人力如雲，辦公室裡稱呼博士便不拘泥要全稱，「王博士」叫「王博」，「楊博士」稱「楊博」，如此便拉近不同階級同事之間的拒絕，使交談始終處於自如輕鬆的狀態，不致因過於拘謹、正經八百而影響溝通。

⑶**可調料逗趣，增添生活情趣**：生活是五彩斑斕的萬花筒，人們常在一起聊天、玩笑，少不了流行語的點綴。

流行語怎麼來的？或許有人會問。其實，流行語並不是哪位名人或語文學家創造發明出來的，我們每個人都可以留心於生活，留心於別人的言談，並借鑑發揮，推陳出新，啟動靈感，隨口說出。平時不妨從以下幾方面去搜集學習。

⑴從電視電影裡學：當代影視與人們的生活愈來愈貼近，不少精彩對白、主持人的即興妙語、廣告好辭令人讚歎不絕，我們可以從中借鑑。

⑵從流行歌曲中學：許多流行歌曲不但能唱出人們的真情、心聲，而且吐詞通俗，生活氣息濃。某男士談戀愛，剛接觸對方，生怕對方看不中自己的「長相」，幾句千方百計後，說道：「我知道我很醜，可是我也很溫柔。」他妙用了趙傳的一首歌名，很快贏得小姐的好感。

⑶從新聞用語裡學：比如臺灣二〇〇四年總統大選前夕，尋求連任的現任總統陳水扁及副總統呂秀蓮在拜票過程中發生意外，遭到不明人士槍擊，歹徒一共開了兩槍，隔日選情開出，這對搭檔以些微的差距勝選，令落選的在野民眾無法信服，認為槍擊案影響了選舉，使得中間選民投出同情票，甚至懷疑是執政黨所自導自演，事隔多年，案情仍然膠著，媒體戲言，「兩顆子彈」竟左右了臺灣最重要的選舉，這「兩顆子彈」即成為事情不變的代名詞，也有「自導自演」的意思。

⑷從專業術語中學：把不同學科、行業的術語移用於別的講話場合，張冠李戴，也非常風趣。如有人說自己長相難看：「你真的很帥，行情看漲；我呢？長那麼普通，市場疲乏哪！」

⑸從外文中學：比如現在流行於人們嘴邊的「ＯＫ」，用處極為廣泛。「真棒」、「挺好」

叫「OK」，「快活」、「開心」、「精彩」是「OK」，「行」、「是」、「對」還是「OK」。臺灣受日本統治五十年，而有線電視裡也有多個頻道播放日本節目，因此由日文直譯的流行語也很多，比如「殘念」是懊惱、扼腕的意思，「元氣」是有精神的意思。

⑹從台語俚語中學：台語俚語表達含蓄，俗得夠味，很受人們喜愛。如「促咪」在台語是有趣之意，有人看綜藝節目：「這個橋段蠻促咪的！」；「2266」在台語中是零零落落之意，我們也可以拿來運用，如：「他做事從不謹慎，總是2266的」。

05 客套是種優雅

客套話是社交中必須的禮節，正如培根所說，得體的客套話同美好的儀態一樣，是永久的推薦書。

客套話，是社會交往中相當普遍的一種語言現象。請人辦事，說一聲「勞駕」；送客臨別，講一句「慢走」，能顯示出一個人的禮貌周到和談吐文雅。擅長外交的人們，像精通交通規則一般熟諳客套。

但是，客套要切記自然，真誠，言必由衷，並富有藝術性。

在日常交往中，常用的客套話是：

初次見面說「久仰」，好久不見說「久違」。

請人批評說「指教」，求人原諒說「包涵」。

求人幫忙說「勞駕」，請給方便說「借光」。

麻煩別人說「打擾」，向人祝賀說「恭喜」。

自己詩畫送人看，常說「斧正」或「雅正」。

求人解答用「請問」，請人指點用「賜教」。

托人辦事用「拜託」，讚人見解用「高見」。

看望別人用「拜訪」，賓客來到用「光臨」。

陪伴朋友用「奉陪」，中途先走用「失陪」。

等候客人用「恭候」，請人勿送用「留步」。

歡迎購買叫「光顧」，歸還原物叫「奉還」。

對方來信叫「惠書」，老人年齡叫「高壽」。

06 表情會說話

表情比言語的表達力更深厚。

心理學家指出：無聲語言所顯示的意義，要比有聲語言多得多，而且深刻。他還對此列出了一個公式：

資訊的傳遞＝百分之七言語＋百分之三十八語音＋百分之五十五表情

雖然人們是用語言交談，用語言傳播資訊，但語言並不是說話的全部。無論是說話者還是聽話者，資訊的準確傳播和接受，都還得借助雙方的表情、姿態、動作等肢體語言。真正會說話的人，不僅會用嘴說，還會運用表情和肢體語言。事實上，肢體語言本來就是人們用來傳情達意的一種重要方式，只要通過眼神、表情、手勢或姿態等，就能把自己的心意傳達給對方。

事實上，一個人講與聽的過程，是交替使用眼睛和耳朵的過程。根據美國的語言專家研究，人的感覺印象中，有百分之七十七來自於眼睛，百分之十四來自於耳朵，百分之九來自於其他感官。因此，當我們與人交往時，必須十分注意自己的言談舉止和表情，是否已經被對方所接受。

有的人一開口就滔滔不絕，但別人卻不愛聽、聽不懂，或者根本不想聽。究其原因，問題很可能就出在他的神態舉止上。

神情倨傲，會傷害聽者的自尊心；態度冷淡，會令聽眾失去聽的興趣；舉止隨便，會使聽眾對你不夠重視；表情卑屈，會使聽者產生懷疑；動作慌亂，會動搖聽眾對你的信任感；面容過於嚴肅，會使聽眾感到壓抑和拘謹……可見，善於說話的人，其一舉手、一投足間，都將影響著資訊傳播的效果。

07 用傾聽為你說話

生命太短暫了，不該再以我們的一點成就對別人絮叨，而應該鼓勵別人多說話。仔細想一想，你實在沒有很多可以自誇的。

許多人在想搏得別人贊同他們的意見時，總是自己說太多的話。讓別人說出他自己的意見來，他對於自己的問題，總比你明白得多。所以應當問別人問題，讓他告訴你一些事情。

有些人假如一旦不贊同對方的話，就立刻插嘴，其實不可如此，因為那是不禮貌的。在對方心中還有一大堆意思急於要說出來卻沒說完的時候，他不會注意到你說的話。所以應該要耐心聽他講，心地要公開，態度須誠懇，鼓勵他把他的意見完全發表出來。

這種策略在商業上划得來嗎？這裡有個故事，可以提供參考。

美國某大汽車公司經理打算訂購汽車內所用的椅套，合約數量需供一年之用。有幾個大椅套製造廠家把貨樣送去備選。那位經理看完各家的貨樣之後，選中三家製造廠，要他們各自在指定時間派一位代表前來商談，到時決定用哪家的貨。

洛君是某一廠商的代表，約定談生意的那天早上，忽然患了嚴重的喉頭炎，去見那位經理的時候因喉嚨痛而失聲，甚至連一點小聲音也發不出來。當時洛君被引進一間會議室，同座的有紡織工程師、採買主任、售貨主任及公司經理。洛君使盡力氣，但仍只能發出一點沙沙啞啞的聲音。

他們是圍桌而坐的，洛君於是取便條紙寫下：「經理很抱歉，我因為喉嚨痛發不出聲來，我沒話可說。」

這位經理回答說：「讓我來代你發言。」他代替洛君展示貨樣並說明樣品的優點。大家立刻開始討論洛君的貨樣。這位經理因為是代洛君講話，所以討論的時候也是一直站在洛君立場，幫著他。洛君只能隨時笑著，點頭及作一些姿勢。

那次會議的結果，合約竟落到口不能言的洛君公司，成為洛君所談成的最大的一筆交易。

洛君發現，若不是因為不能說話，一定得不到這批買賣，因為自己原本想提出的意見根本錯誤，完全由客戶來發表意見才是上上之策。

法國哲學家羅西法古說過：「假如你想要仇人，就勝過你的朋友；但是假如你想要朋友，則當讓你的朋友勝過你。」為什麼呢？因為當我們的朋友勝過我們時，那就可以使他有優越感；但當你勝過你的朋友時，則會引起他們的自卑感並且感到嫉妒和猜疑。

法國有句俗語說：「當我們看見我們最嫉妒的人遭遇不幸時，會發生一種惡意的歡心，純粹是最開心的事。」換句俗語來說就是「幸災樂禍」。

是的，的確有些朋友看見你遇到困難，比看到你成功更高興。

因此，我們要謙遜，那是最有益的，名作家寇伯就有這種本領。有一次某律師在法庭對著坐在證人席上的寇伯先生說：「我曉得，寇伯先生，你是美國著名作家之一。對不對？」

寇伯先生答道：「我好像太榮幸，實在不敢當。」

08 從感性的話開始講起

演說時先講感性的話，感動了群眾，就征服了群眾。

一九五二年，尼克森加入了艾森豪總統的競選團隊。就在這時，有人揭發：加州的某些富商以私人捐款的方式暗中資助尼克森，而尼克森將那筆錢做為參議員所得收入。

尼克森據理反駁，說那筆錢是用來支付政治活動開支的，絕沒有據為已有。但是，艾森豪堅決要求他的競選夥伴必須「像獵狗的牙齒一樣清白」，並準備把尼克森從候選人名單中除去。

這樣，那一年十月的一天晚上，十點三十分，全國所有的電視臺、電臺將各自的鏡頭、麥克風對準了尼克森——他不得不通過電視解釋這些捐款的來龍去脈，為自己的清白作辯護。

尼克森在講話中並不單刀直入地為自己辯解，以清洗醜聞給他蒙上的灰塵，而是多次提到他的出身如何低微，如何憑藉自己的一股勇氣、自我克制和勤奮工作才得以逐步上升的。這合乎美國那種競爭面前人人平等的國情，博取了觀眾和聽眾的同情。

說著說著，他話題一轉，似乎是順便提起了一件有趣的往事，他說道：「我在被提名為候選人後，的確有人給我送來一件禮物。那是在我們一家人動身去參加競選活動的一天，有人寄給了我家一個包裹。我前去領取，你們猜會是什麼東西？」

尼克森故意打住，以提高聽眾的興趣。

「打開包裹一看，是一個小箱子，裡面裝著一隻西班牙長耳朵小狗，全身有黑白相間的斑點，十分可愛。我那六歲的女兒特莉西亞喜歡極了，就給它起了一個名字，叫『棋盤』。大家都知道，小孩子們都是喜歡狗的。所以，不管人家怎麼說，我打算把狗留下來……」

這就是歷史上有名的尼克森的「棋盤演說」。

事後，美國的一份娛樂雜誌馬上把這篇「棋盤演說」嘲諷為花言巧語的產物。好萊塢製片人達里爾・查納克則說：「這是我從未見過的最為驚人的表演。」

尼克森當時還以為自己失敗了，為此還流過不少眼淚。可最後事態的發展完全出乎大家的意料，成千上萬封讚揚他的電報湧進了共和黨全國總部，他因為表現出色而最終被留在了候選人的名單上。

作為公眾人物，難免會遇到一些常人難以想像的困難，但尼克森的成功應該能夠給我們一些啟示。假如你在生活中遇到一些充滿「敵意」的人，為何不嘗試一下「說說感性的話」？彼此之間溝通一下感情，雖然不敢肯定他一定會對你產生好感，但至少也會覺得你沒有他想像中的那麼「可惡」。

09 說人之道，攻心為上

古人云：用兵之道，攻心為上。攻城為下。同樣，說人之道也是。

日本前首相田中角榮非常擅長從感性的話入手去演說。

一九七一年三月十四日，田中角榮在日本電視臺對全國觀眾說：

「前些時候，我那八十歲的老母親還對我說『小鬼，再努力地奮鬥下去！像你這麼小小的成就，離成功還早得很呢，可不要妄自尊大哦！』」

田中角榮的這番話暗示大家：一直到現在，我在事業上有了成就，但仍忘不了過去被母親批評時母親那諄諄的教誨，另一方面，母親的音容笑貌和對她的緬懷一刻也沒有離開過自己的腦海。

田中在另一次演講時又說：

「我離家的時候，母親送給我一卷紙幣和松葉，我便把它們當成自己的護身符，片刻也不離身。因為萬一求取功名的夢幻破滅而黯然返鄉時，仍然可以重返到母親溫暖的懷抱中去。因為，我思念故鄉，家裡的老母親正在盼望自己的孩兒回家。」

田中角榮這種感性的話——懷念老母親的扮相，在有些人的眼裡或許被視為故作感情脆弱，而且十分肉麻。但是，無可爭辯的是，正是他的這種「扮相」感動了民眾。日本絕大多數民眾將田中角榮看作是一個「充滿人情味、稟性善良的好人」的偶像。

因此，他在選民中的支持率急劇上升。在廣大民眾的熱情擁護下，田中角榮在職期間也取得了不俗的政績。

說感性的話，主要是利用人性的弱點，用濃厚的人情味拉近人們心理上和感情上的距離。古人云：用兵之道，攻心為上。攻城為下。同樣，說人之道也是攻心為上。

說感性的話便是一種高明的攻心演說術，使對方在情感上與你產生強烈的共鳴，不知不覺成為你的俘虜，從陌生到熟悉，化對立為調和，恰似山窮水盡疑無路，柳暗花明又一村。

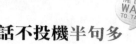

10 懂得避諱

避諱能夠在交際中適應他人，理解別人，尊重別人，盡量避免給別人帶來不愉快。

清代的康熙皇帝，年輕時勵精圖治，奠定了大清帝國的堅實基業，到了晚年，年紀大了，頭髮花白，牙齒鬆動脫落。這本是人生的自然規律，但他人老心不服老，聽到人說「老」就不高興，左右臣子深知他的心結，特別忌諱說「老」一類的字眼，從不在皇上面前觸這個霉頭。康熙皇帝為了顯示自己還年輕有活力，常常率領皇后、妃子們去獵苑獵取野獸，在池上釣魚取樂。

有一次，他率領一群皇妃們去湖上垂釣，不一會兒，魚竿一動，康熙皇帝連忙舉起釣竿，只見鉤上釣著一隻老鱉，心中好不喜歡。誰知剛剛拉出水面，只聽「撲通」一聲，鱉卻脫鉤掉到水裡跑掉了，康熙長吁短歎連叫可惜。在康熙左邊身旁陪同的皇后見狀連忙安慰說：「看光景這只鱉是老得沒有門牙了，所以銜不住鉤子了。」

這時，在一旁觀看的一個年輕妃子見狀忍不住大笑起來，而且笑個不停，簡直直不起腰來。康熙見狀不由得龍顏大怒，他認為皇后說的是言者無心，而那妃子則是笑者有意，是含沙射影，笑他沒有牙齒，老而無用了。回宮之後，康熙降下諭旨，將那妃子打入冷宮，終身不得復出。到了這個時候，那個年輕的妃子才深深感到後悔了，歎息著說：「因為不慎笑了一笑，害自己守寡一生，這都是不檢點帶來的惡果啊。」

為什麼皇后在說話時明顯說到「老」字而康熙皇帝沒有怪罪她，而妃子只是笑了一笑，而康熙皇帝卻怪罪她呢？首先是康熙的忌諱心理，他不認老，忌諱別人說他老，這種心理實際是反映了老年人的一種普遍的心理狀態，由於上了年紀，在體力和精力上都下降了，但又不肯承認這個現實，而且也希望人們在客觀上否認這個現實，故而一旦有人涉及這個話題心理上就承受不了；再由於皇后與妃子同康熙皇帝的感情距離不同。皇后說的話，仔細推敲一下，有顯義和隱義的兩個意義，顯義是字面上的意義，因為康熙皇帝與皇后的感情距離較近，他產生的是積極聯想，所以他只是從字面上去理解，知道皇后是一片好心的安慰。妃子雖然沒有說話，只是笑了一笑，但她是在皇后說話的基礎上笑的，她與康熙皇帝的感情距離比較遠，所以讓康熙皇帝產生了消極聯想，其隱義是：那老鱉老掉牙銜不住鉤子，就像你康熙皇帝一樣老而無用，連釣起的老鱉也讓牠逃跑了。這下子深深地傷害了康熙的自尊心。

康熙因妃子笑而祭出重罰，固然暴露出封建帝王的冷酷，但如果是一個平常人，別人這樣把你的缺憾當笑話，你也不會高興的。人總是有自尊心的，總希望受到別人的尊重，總不希望人們一見面就提自己不愉快的事。因此人人都不願意人家觸及到自己的憾事、缺點、隱私和使自己感到難堪的事，這也是一般人所共有的心理。因此在現實的交際生活中，一定要注意尊重對方，交談時千萬不要涉及對方所忌諱的問題，否則必定會傷害對方情感，破壞彼此關係。

自然，人生是複雜的，由於種種原因，有時說話還非要涉及別人忌諱的話題不可，在這種情況下，就要講究語言技巧了。要盡量把話說得委婉、含蓄些，在遣辭造句時，要避免那些帶有直接刺激感官的字眼，這樣就有可能取得比較好的效果。

11 避免交淺言深

坦率在人際間固然有其建立誠信的作用，但過猶不及，不留祕密，話說太多有時會惹禍太多，切記：禍從口出。

俗話說，「逢人只說三分話」，還有七分話，不必對人說出，你也許以為大丈夫光明磊落，事無不可對人言，何必只說三分話呢？

老於世故的人，的確只說三分話，你可能認為他們是狡猾，是不誠實，其實不然。說話須視對方是什麼樣的人，是不是可以盡言的人，你說三分真話，已不為少。孔子曰：「不得其人而言，謂之失言」，對方倘不是深熟相知之人，自己單方面地暢所欲言，以快一時，對方該如何反應。假如你說的話，是關於自己的事，對方何必傾聽，彼此關係淺薄，與之深談，顯現出自己沒有修養；假如你說的話，是關於對方的，你不是他的摯友，不配與他深談，忠言逆耳，顯出自己的冒昧；假如你說的話，是關於國家政治，對方的立場如何，你不明白，對方的主張如何，你也不明白，偏偏你又高談闊論，輕言更易招尤呢！所以逢人只說三分話，不是不可說，而是不必說，不該說，與事無不可對人言並沒有衝突。

事無不可對人言，是指你所做的事都光明正大，沒有必要隱瞞，但也不必都向別人宣布。

老於世故的人，是否事事可以對人言，是另一問題，他的只說三分話，是不必說、不該說的關係，絕不是不誠實，絕不是狡猾。

說話本來有三種限制，一是人，二是時，三是地。非其人不必說。非其時，雖得其人，也不必說；得其人，得其時，而非其地，仍是不必說。非其人，你說三分真話，已是太多；得其人，而非其時，你說三分話，正給他一個暗示，看看他的反應；得其人，得其時，而非其地，你說三分話，正可以引起他的注意，如有必要，不妨擇地作長談，這種人叫做通達世故的人。

12 說話要緊扣重點

緊抓要點給人一種簡潔、幹練的印象。冗長繁瑣的客套，令人生厭。

抓住關鍵點，長話短說，不講空話，不無的放矢，不重複別人已講過的或眾所周知的俗套，是贏得大眾的說辯謀略。冗長的說教，滿嘴的陳腔濫調，沒有自己獨特見解的發言，只能引起聽者的心煩和厭倦。

一次偶然的機會，馬克•吐溫與雄辯家瓊西•M•得彪同乘一條船。

船行數日後，兩人應邀參加一次晚宴。席上演講開始了。馬克•吐溫第一個滔滔不絕、充滿情感地講了二十分鐘，贏得了一片熱烈的掌聲。

然後，輪到得彪演講，得彪站起來，面有難色地說：

「諸位，實在抱歉，會前馬克•吐溫先生約我互換演講稿，所以諸位剛才聽到的是我的演講，衷心感謝諸位認真地傾聽及熱情地捧場。然而不知何故，我找不到馬克•吐溫先生的講稿了，因此我無法替他講了，所以，請諸位原諒我坐下。」

馬克•吐溫被他一番話鬧得哭笑不得，向得彪投去略帶抱怨的目光，然後無可奈何地聳了聳肩。

馬克思的女兒燕妮，有一次曾請教當時德國著名的一位歷史學家，問他能否將古今的歷史縮寫成一本簡明的小冊子。教授笑著答道：「不必。」

他說，只需用四句諺語，就能概括古今的歷史：

一、當「上帝」要某人滅亡的時候，往往先讓其有炙人的權勢。

二、時間就是一個巨大的篩子，最終會淘去一切歷史的陳渣。

三、蜜蜂盜花，但結果反而使那些花開得更盛，嫵媚迷人。

四、暗透了便望得見星光。

抓住關鍵的要點，最重要的就是說出你要談論的主題，其餘的客套話盡量少說或不說，這樣你的觀眾才不會感到不耐煩。

當然，這一方法的運用必須針對特定的對象，並不是對所有的人都適用。假如對方跟你不熟，而你則一上來就直奔主題，必令人感覺唐突，其效果可想而知。

一般說來，這一方法主要是針對那些跟自己關係比較熟識的人，或者是在一些比較正式的場合，如：商業談判、會場、做報告演講等。在這些場合下，如果你能夠做到抓住要點，一針見血，沒有那麼多冗長的廢話，就會很快地吸引觀眾，使他們迅速地進入主題，接下的事情無疑就會順利了。

13 說話要帶有感情

有了互相了解，有了感情交流，就有了心理共容的基礎，話就能夠說到對方心裡——通過「通情」而「達理」了。

卡內基在《怎樣使你的談吐更動人》中說：「言出心聲，動之以情，是任何消極對立的觀點都難以招架的。」

接著他談了自己的切身經歷和深刻感受。有一次，他應邀擔任哥倫比亞大學柯帝士演講金獎賽評審委員。競爭者是六名科班生，都受過一系列有計畫的訓練。其中除了一人之外，其他人的目的都單純是為了贏得獎章，他們壓根兒就不曾想到通過演講是要使別人信服自己的觀點，他們選擇的主題只是根據演講技巧的需要，其實對自己所提出的論點並無多大興趣，爭取演講的成功在他們看來也僅僅是演講技巧的一次練習而已。

但那位例外者，祖魯部族首領的兒子，則選擇了「非洲對現代文明的貢獻」作為自己的題目。他對自己所說的每一句話都注入了深厚的感情，他是在代表他的人民和美國對話，以自己傑出的智慧、高尚的人格和美好的嚮往，表達了非洲人民的追求和願望。

儘管他在技巧上可能難以勝過對手，卡內基等評委們還是把獎章給了他。因為他的話語中燃燒著真誠的火焰，而其他的演講者卻普遍華而不實。

這位祖魯王子以他自己的方式，在那遙遠的土地上領悟到：和別人談話，光用理性往往難以使別人信服，還必須要讓人知道，對於自己所說的話是如何深信不疑。

他的成功昭示：無論成功的演講，還是成功的辯論，都必須有明確的目的和深厚的感情；對辯題的選擇和論辯的內容，既要使人信服，更要讓自己深信不疑；要通過情理相生的手段，達到通情達理的目的。

14 製造共鳴

採用「心理共鳴」的說服法，就是從對方感興趣的話題談起。

人與人之間，很難在一開始就產生共鳴，往往必須先誘導對方與你交談的興趣，經過一番深刻的對話，才能讓彼此更加了解。

在你嘗試說服他人、對另一個人有所求的時候，這樣的論點也同樣適用。

伽利略年輕時就立下雄心壯志，要在科學研究方面有所成就，他希望得到父親的支援和幫助。

一天，他對父親說：「父親，我想問您一件事，是什麼促成了您和母親的婚事？」

「我看上她了。」

伽利略又問：「那您有沒有娶過別的女人？」

「沒有，孩子。家裡的人要我娶一位富有的女士，可我只鍾情你的母親，她從前可是一位風姿綽約的姑娘。」

伽利略說：「您說得一點也沒錯，她現在依然風韻猶存，您不曾娶過別的女人，因為您愛的是她。您知道，我現在也面臨著同樣的處境，除了科學以外，我不可能選擇別的職業，因為我喜愛的正是科學，別的對我而言毫無用途也毫無吸引力！難道要我去追求財富、追求榮譽？科學是我唯一的需要，我對它的愛有如對一位美貌女子的傾慕。」

父親說：「像傾慕女子那樣？你怎麼會這樣說呢？」

伽利略說：「一點也沒錯，親愛的父親，我已經十八歲了。別的學生，哪怕是最窮的學生，都已想到自己的婚事，可是我從沒想過那方面的事。我不曾與人相愛，我想今後也不會，別的人都想尋求一位溫柔的美女作為終身伴侶，而我只願與科學為伴。」

父親始終沒有說話，仔細地聽著。

伽利略繼續說：「親愛的父親，您有才幹，但沒有力量，而我卻能兼而有之，為什麼您不能幫助我實現自己的願望呢？我一定會成為一位傑出的學者，獲得教授身分，我能夠以此為生，而且比別人生活得更好。」

父親為難地說：「但我沒有錢供你上學。」

「父親，您聽我說，很多窮學生都可以領取獎學金，這錢是公爵宮廷給的，我為什麼不能去領一份獎學金呢？您在佛羅倫斯有那麼多朋友，您和他們的交情都不錯，他們一定會盡力幫助您的，也許您能到宮廷去把事辦妥，他們只須去問一問公爵的老師奧斯蒂洛•奇希就行了，他了解我，知道我的能力……」

父親被說動了：「嘿，你說得有理，這是個好主意。」

伽利略抓住父親的手，激動地說：「我求求您，父親，求您想個法子，盡力而為，我向您表示感激之情的唯一方式，就是……就是保證成為一個偉大的科學家……」

伽利略最終說動了父親，他實現了自己的理想，成為了一位名聞遐邇的科學家。

這裡，伽利略採用的是「心理共鳴」的說服方法。這種說服法一般可分為以下四個階段：

⑴**導入階段**：先顧左右而言他，引起對方的共鳴或興趣。伽利略先請父親回憶和母親戀愛時的情況，引起了父親的興趣。

⑵**轉接階段**：逐漸轉移話題，引入正題。伽利略巧妙地通過這句話把話題轉到自己身上：「我現在也面臨著同樣的處境……」

⑶**正題階段**：提出自己的建議和想法。伽利略提出：「我只願與科學為伴」，這正是他要說服父親的主題。

⑷**結束階段**：明確提出對對方的要求，達到說服的目的。為了使對方容易接受，還可以指出對方這樣做的好處。伽利略正是這樣做的。他說：「……為什麼您不能幫助我實現自己的願望呢？我一定會成為一位傑出的學者，獲得教授身分。我能夠以此為生，而且比別人生活得更好。」

就這樣，伽利略終於達到了自己的目的，為最終實現自己的理想奠定了基礎。

15 問要問得巧

探問時必須像福爾摩斯一樣，運用各種技巧和方法，獲得多種資訊，才能真正問對問題，達成目的。

投石問路是一種向對方的試探，它常常借助提問的方式，來摸索、了解對方的意圖以及某些實際情況。

邊聽邊問可以引起對方的注意，為他的思考提供既定的方向；可以獲得自己不知道的資訊，盡量讓對方提供自己不了解的資料；可以傳達自己的感受，引起對方的思考；可以控制談話的方向，使話題趨向結論。

但是，對於提出什麼問題，怎樣表述問題，何時提出問題要講究技巧，因提問方式不同，對方產生的反應也會不同。

提出問題，應該事先讓對方知道，你想從這次談話中得到什麼。如果他明白了你的意圖，就可以有的放矢地作出說明，你也能夠掌握大量資訊。

提問切忌隨意和威脅，從措辭到語調，提問前都要仔細考慮。提問恰當，有利於駕馭話題；反之，將會損害自己或使談話節外生枝。

提問的功能是很多的：

⑴引起對方的注意

如：「如果……那就太好了，是嗎？」

「您能否幫助我……」

「但願我們的想法能取得一致就好了，不是嗎？」

這種類型的提問功能，既能引起對方的注意，又不至於使對方焦慮不安。

⑵可獲得需要的資訊

這種提問往往都會有一些典型的前導字句，如：「誰」、「什麼」、「什麼時候」、「哪個地方」、「會不會」、「能不能」等等。

在發出這種提問時，應事先說清楚如此提問的意圖，否則很可能引起對方的焦慮。

⑶借提問向對方傳情達意

如：「你真的有信心在這裡投資嗎？」

許多問話表面上看來似乎是為獲得自己期望的消息和答案，但事實上，卻同時把自己的感受或已知的資訊傳達給了對方。

⑷引起對方思緒的活動

如：「對這一點，你有什麼意見？」

通過這樣的提問能使對方思緒隨著提問者的問話而活動。這種問話中常用到的字眼有：「如何」、「為什麼」、「是不是」、「會不會」、「請說明」等。

(5)做談話結論用

借著提問使話題歸於結論。

如：「該是決定的時候了吧？」

「這的確是真的，對不對？」

提出某一個問題，可能會無意中觸動對方的敏感之處，使對方產生反感。所以提問要注意對方的忌諱。

假如你改用另外一種方式提問：「在這份登記表上，要求填寫您的年齡，有的人願意填大於二十五歲，您願意這麼填嗎？」

這樣的提問，對方不但不會生氣，還可能積極配合你的行動。

怎樣才能使提問問得巧，首先需選擇恰當的提問形式。

提問的形式有這麼幾種：

(1)限制型提問

這是一種目的性很強的提問技巧。它能幫助提問者獲得較為理想的回答，減少被提問者說出拒絕的或提問者不願接受的回答。

這種提問形式的特點是限制對方的回答範圍，有意識、有目的地讓對方在所限範圍內作出回答。

臺灣有些餐廳因為有些客人會在吃火鍋同時放個雞蛋，所以服務生在客人火鍋上桌時必問一句：「要不要放雞蛋？」

這種提問留給對方選擇的範圍是「要不要」。

同樣的情況下，服務生如果不是問「要不要放雞蛋」，而問：「放一個還是兩個雞蛋」，這樣的提問縮小了對方的選擇範圍，把範圍限制在「放一個還是兩個」之內，如此一來，賣出雞蛋數量必然大增。

(2)婉轉型提問

這種提問是用婉轉的方法和語氣，在適宜的場所向對方發問。

這種提問是在尚未摸清對方虛實時，先虛設一問，投一顆「問路的石頭」，避免對方拒絕而出現難堪局面，又能探出對方的虛實，達到提問的目的。

例如，談判一方想把自己的產品推銷出去，但他並不知道對方是否會接受；又不好直接問對方要不要，於是他試探地問：「這種產品的功能還不錯吧？你能評價一下嗎？」

如果對方有意，他會接受，如果對方不滿意，他的拒絕也不會使雙方難堪。

⑶攻擊型提問

這種問話的直接目的是擊敗對手，故而要求這種問話具有幹練、明瞭、擊中對手要害等特點。

如美國雷根與卡特競選總統時的一段辯論，當時雷根挑戰性地提出了這樣的問題：「每一個公民在投票之前都應該好好想想這樣幾個問題，你的生活是不是比四年前改善了？你到商店裡去買東西時是不是比四年前更方便了？美國的失業人數是不是比四年前減少了？美國在國際上是不是比四年前更受尊重了？」

辯論結束後，民意測驗結果表明：支持雷根的人上升到百分之六十七，支持卡特的人下降到百分之三十。

⑷協商型提問

想要對方同意自己的觀點，應盡量用商量的口吻向對方提問，如：「你看這樣寫是否妥當？」

這種提問，對方比較容易接受。而且，即使對方沒有接受你的條件，但是氣氛仍能保持融洽，雙方仍有合作的可能。

提問要留心對手的心情。

人總是處於一定的情緒之中的。現實生活中我們常常看到，有些人高興起來一擲千金，反之，則一毛不拔。顯然，人情緒的不同，對同一件事可以作出完全不同的反應。

例如，對手心情好時，常常會輕易地滿足你所提出的要求，並且還會變得粗心大意，很容易露出口風，此時，抓住機會，提出問題，通常會有所收穫。

總之，每一個提問都是一顆探路的「石頭」，在採購物品時，可以透過對產品品質、購買數量、付款方式、交貨時間等問題來了解對方的虛實。

同時，不斷地投石問路還能使對方窮於應付。如果賣方想要拒絕買方的提問一般是很不禮貌的。

面對這種連珠炮式的提問，許多賣主不但難以主動出擊，而且寧願適當降低價格，而不願疲於回答詢問。

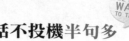

16 答要答得妙

妙答是智慧的展現，也是獲得尊重的實力。

答問是一種對提問作出回應，以解釋、說明為目的的口語表達方式。答問的語言形式多種多樣，答問的藝術和技巧就展現在各種形式中。概括起來，答問的語言形式主要有：

⑴直答

直答就是根據對方的提問，直接從正面作出回答。例如：

問：你們廠今年上半年的效益如何？

答：很好。上半年完成全年計畫產量的百分之七十，人均創產值六萬元，比去年同期增長了百分之十，上繳利稅三千兩百萬元，創歷史同期最高記錄。

這種答問，是友好、坦誠、直率的，通常在上下級之間，同事親友之間，顧客與服務生之間，老師和學生之間使用最多。

⑵分答

所謂分答，是指提問者不懷好意，或又有包容性的提問，不作「是」與「否」地籠統回答，而是聽清話意，分解一問為多問，分別給以正確的回答。

分答這種口語技巧要運用好，首先要會聽，聽清對方話語中的陰謀，告誡自己不可順勢而應；其次，要分解對方的問題，對方的問題一般都有兩層以上的含義，分解好了，即可以逐一應答；分答之妙還在於把對方所提問題中存在的挑釁成分都給否定掉。

⑶變答

變答，就是變通著回答。《孫子兵法》說：「兵無常勢，水無常形，能因敵變化而取勝者，謂之神。」變答，正是變被動為主動，變守勢為攻勢，變妨害為有利的一種巧妙的應答方式。

變答技巧的特點是「反」答，即在簡答了對方問話之後，採用對方的內容來作答。例如：美國前總統卡特競選時，有位女記者找到卡特的母親。下面是女記者和卡特母親之間的問答——

女記者：「您兒子向選民們說，他如果說謊話，大家就不要投他的票，您敢說卡特從來沒說過謊嗎？」

卡特母親：「也許我兒子說過謊，但都是善意的。」

女記者：「什麼是善意的謊話？」

卡特母親：「妳記得幾分鐘前，當妳跨進我的門檻時，我對妳說妳非常漂亮，我見到妳很高興。」

卡特母親的變答可謂針鋒相對，使得問話者非常尷尬。但這不能責備卡特母親不友善、不禮貌、不厚道，她的應答是對方不友好挑起的，並且步步「逼問」出來的。就內容來說，其恰當、巧妙、簡潔都是無懈可擊的。

⑷牽答

有時面對故意刁難甚至侮辱性的提問，如果從正面回答，顯得無力，即使答得再好，也只是一種為自己開脫、辯解的防衛語言，這時，就可以用牽答的技巧。採用牽答的技巧，就是抓住事物之間的對應、連帶關係，提一個涉及答者與問者的命題，造成一榮俱榮，一損俱損的態勢，以抵消對方的攻勢，使自己立於不敗之地。比如——

晏子出使楚國時，楚王向晏子提出了一個侮辱性的問題：「齊國為什麼派你這麼一個矮小無德的人做使臣呢？」晏子說：「齊國派使臣有一個規定，不同的人朝見不同的國王：賢德的人朝見賢德的國王，不賢德的人朝見不賢德的國王。我最不賢德，就派來朝見您楚王。」楚王本想侮辱晏子，沒想到反而受到了晏子的侮辱。晏子的回答，把自己的榮辱與楚王連在一起，使得楚王無法反駁，自找沒趣。

牽答的奧妙，就在於用話將自己與問話者牽在一起，不可分開，使對方不能處於優勢的攻擊者地位。不過，牽答要注意分寸，因為「利害相連，榮辱與共」，所以對自己和對方都不要過份貶損，一般是答話中應有「兩可」的意思（我這樣，你也這樣；我那樣，你也那樣）。

(5) 錯答

錯答，也是一種機警的口才表達技巧，既可用於嚴肅的口語交際場合，也可用於風趣的日常口語交際場合。它的主要特點是不正面回答問話，也不反唇相譏，而是用話岔開所問，作出與問話意思錯位的回答。

一個美麗的女子獨自坐在酒吧吧檯邊。一位年輕男子走過來獻殷勤，低聲問：「這裡還有人坐嗎？」

「到阿芙達旅館去？」她大聲說。

「不，不。妳弄錯了，我只是問這裡有其他人坐嗎？」

「你說今夜就去？」她尖聲叫道，比剛才更激動。

這位年輕男子被弄得狼狽極了，紅著臉到另一張桌子上去。許多顧客憤慨而輕蔑地看著他。

這個例子，是一次很典型的錯答。錯答，作為一種用來排斥對方和躲閃真實意思的交際手段，往往是很有用的。

⑹徵答

徵答，就是引用名人名言和俗語、諺語等來作答，以表明自己的意思，或佐證自己的觀點。這種回答，好處是很明顯的，既增加了說話的權威性與可信度，又省去了許多解釋和說明，還能增添口語的生動性與感染力。例如：

有人問一位家長：「聽說你孩子寄養在劉教授家以後，變得很守規矩，成績也提升了，是真的嗎？」

家長答：「有人說『近朱者赤』，一點也不錯。」

「近朱者赤」這一成語，引用在這裡作答，非常準確、簡練、生動。

第二章

職場應對

17 謹言慎行別大意

一言興邦，一言喪邦，一言不慎不僅僅其一個人，甚至僅其一個國家。

說話比做文章難，做文章，可以細細推敲，再三訂正，讀文章，可以細細品味，詳加研究。說話就不能這樣了，一言既出，駟馬難追。所以與人說話，應該特別留神，要說的話，最好事先打好草稿，列出綱要，免得臨時遺漏；說話開頭，先要定一定神，態度從容，雙眼注視對方，表現出誠懇的神情，並隨時注意對方是否贊成自己意見，還是並不以為然，據此隨時調整說法，如果發覺對方露出不願意多聽的神情，就該設法結束話題。如果對方有疑問，就該多做解釋，如果對方樂於接受自己的見解，就該單刀直入，不要再繞圈子，如果發覺對方要插話的樣子，就該請他發表意見，對方的答話，要特別注意，特別留神。

同樣一個「喔」字，有不同的意涵表示。「喔。」是表示知道了；「喔！」則是表示驚奇；「喔？」是表示疑問。如果對方說「好的，就這樣吧！」這是完全接受；「好的，以後再談吧！」這表示心裡不想接受；「好的，等我研究研究。」這是原則上可以同意，辦法還須討論；如果對方說：「好的，你聽我的回音。」這是肯幫忙的表示；「好的，我替你留意。」這是沒有把握的暗示：「好的，我替你設法」這是肯負幾分責任的表示，能夠細細體會，便知道此次談話是否成功了，老於世故的人，往往不肯作露骨的表示，很容易使你誤解他的意思。

回答問題，也要有個分寸，認為對的，就回答「很好」；認為不對的可以回答：「這個問題很難說。」自認為可以辦到的就回答：「我去試試，但成功與否不敢肯定。」自認為辦不到的，便回答：「這件事太困難了，恐怕沒多大的希望。」總之，不要說得太肯定，太肯定的回答，最易造成不愉快的後果。一切回答，必須留些迴旋的餘地，萬一臨時不能決定，可以回答：「待我考慮後，再答覆你！」或者說：「待我與某某商量後，由某某答覆吧！」前者是接受與不接受各占一半，後者多數是婉言拒絕。

與人對話，必須謹慎。當然知已相聚，上下古今，東西南北，與之所至，無所不談，不必有所拘束，但是戲謔之談，也以不虐為度，否則一言失誤，感情便會產生裂痕，就不可不防，不可不小心謹慎了。

18 懂得謙虛不炫耀

真正的能力不是吹噓出來的，吹噓出來的能力轉瞬即逝，要想在職場中立足，最好是多做事、多謙虛、多動腦、多行動。

在職場中，每個人都希望能得到別人的肯定。

前面有提到過法國哲學家羅西法古說：「如果你要得到仇人，就表現得比你的朋友優越；如果你要得到朋友，就要使你的朋友表現得比你優越。」當我們使朋友表現得比我們優越時，他們就會有一種得到肯定的感覺，但是當我們表現得比他還優越時，他們就會產生一種自卑感，甚至對我們產生敵視情結。人都會在不自覺中強烈維護著自己的形象和尊嚴，如果有人對他過分地顯示出高人一等的優越感，那麼無形之中就是對他自尊的一種挑戰與輕視，同時排斥心理乃至敵意也就應運而生。

日常工作中不難發現這樣的同事，他們雖然思路敏捷、口若懸河，但剛說幾句就令人感到狂妄，所以很難與他相處。這種人多數都是因為太愛表現自己，總想讓別人知道自己很有能力，處處想顯示自己的優越感，以為這樣才能獲得他人的敬佩和認可，其實結果只會在同事中失掉威信。

在這個世界上，謙虛豁達的人總能贏得更多的知己，妄自尊大、小看別人、高看自己的人總是令別人反感，最終在交往中使自己到處碰壁。

老子曾說：「良賈深藏若虛，君子盛德貌若愚」，是說商人總是隱藏其寶物，君子品德高尚，而外貌卻顯得愚笨。這句話告訴我們，要斂其鋒芒，收其銳氣，千萬不要不分場合地將自己的才能讓人一覽無遺。你的長處短處被同事看透，就很容易被他們支配。

另外還要謙虛一些，謙虛的人往往能得到別人的信賴，贏得別人的尊重，更容易地與同事建立關係。所以，對自己要輕描淡寫，要學會謙虛，只有這樣，我們才會永遠受到別人的歡迎。

為此，卡內基曾有過一番妙論：「你有什麼可以值得炫耀的嗎？你知道是什麼原因使你沒有成為白癡的嗎？其實不是什麼了不起的東西，只不過是你甲狀腺中的碘而已，價值並不高，才五分錢。如果別人割開你頸部的甲狀腺，取出一點點的碘，你就變成一個白癡了。在藥房中五分錢就可以買到這些碘，這就是使你沒有住在瘋人院的東西——價值五分錢的東西，有什麼好談的呢？」

19 送別人一頂高帽子

一頂高帽子，能把一顆心征服，只要懂得用語言編織，何不多織幾頂。

人們通常把當面說奉承話叫做「戴高帽」。

有一個京官要到外地任職，臨行前，去向老師拜別。老師說：「外地的地方官不容易當，你要小心謹慎為好。」京官說：「老師放心，我準備了高帽一百頂，逢人便送一頂，這樣，恐怕不至於會有什麼問題。」老師聽了很生氣，當場訓斥他：「吾輩為官，不可弄邪門歪道，哪有像你這樣辦事的？」京官說：「老師這話很對，不過當今這個世界上，像老師這樣不喜歡戴高帽的，能有幾個？」老師聽了，轉怒為喜，點點頭說：「你這一句話倒也說得很對！」

京官從老師那裡辭別出來後，笑著對人說：「我的一百頂高帽，如今只剩下九十九頂了！」

一個人在取得了稱讚的時候，很容易飄飄然，此時可要小心！

烏鴉嘴裡銜著一塊肉，飛回到樹枝上，準備慢慢享用。一隻狐狸看見了，饞得直流口水，很想得到手，於是想了想，對烏鴉說：「哎呀，我從未見過這麼美麗的烏鴉，苗條的身段，漂亮的羽毛，如果聲音也和外形一樣出色，那簡直就是鳥中之王了。」烏鴉聽完輕飄飄地，於是為了證明自己的實力，張開嘴就唱歌，肉馬上就掉下去了。狐狸撿起肉，嘲笑烏鴉：「我聽見了，聲音是不錯，就是頭腦太簡單，智商低了一些。」

人最大的毛病就是虛榮，人人都有，只是或多或少而已。稍有一些虛榮不要緊，可給人自尊自信，可是虛榮太過就麻煩了，像烏鴉那樣，自己的最弱項就是聲音了，可是別人一誇獎，牠居然聽不出諷刺，還信以為真。

20 別占盡了便宜

把一切責任都推給別人，把一切利益都自己獨攬，這樣的人是沒有人緣的。

李先生喜歡跟別人爭辯，藉以賣弄自己的學識，如果你不跟他爭辯，他倒也不會來麻煩你，傷害你。他還覺得自己是一個很好的人，忠實、不說謊、不偽裝，也從來不投機取巧，不做一點虧心事，更不占別人便宜。然而，他卻感到自己並不受人歡迎。

原來他太驕傲了，以為自己是個十全十美的人，以為人人都應該以他為模範、為導師。因此，他喜歡隨時隨地教訓別人、指導別人。看見別人有一點點缺點，就加以批評、指責，像大人管小孩，老師對學生一樣，擺出一副道貌岸然，神聖不可侵犯的神態。甚至常常有意地誇大別人的缺點，把別人的一時疏忽或無心的過失，說成是存心不良或者行為不端。

同時他又不能容忍別人對他有什麼不恭敬、不忠實之處。如果他吃了別人一點的虧或受了別人一點點欺騙，就把對方當作罪大惡極、無恥至極的人，加以攻擊、嘲笑、諷刺或漫罵。

這樣的人的確令人害怕，到處都會激起別人的憎惡與反感。

一個人對自己要求嚴格，不做一點錯事，這自然是千該萬該、十分正確的事。但不要因此就把自己看得太高，以自己的標準來要求別人，以為別人都是笨蛋，只有自己才是聖人。

對別人的過失與錯誤，首先要分析他們犯錯的原因，可能是受到環境的影響，可能是因為他們自己認知不清，也可能只是一時疏忽，有時還可能因為求好反而犯了錯誤（主觀上求好，而客觀上犯了錯誤）。除了一些真正與人為敵的社會敗類，應該群起而攻之外，大多數人所犯的錯誤都是可以原諒，也都是可以改正的。

我們應該抱著與人為善的態度，對別人的錯誤，在不傷別人自尊心的原則下，誠懇而婉轉地解釋與勸導，安慰他們的苦惱，鼓勵他們改正，自己吃了虧，受了騙，只要以後小心提防，不再上當就行了，不必就因此而跟對方結下深仇大恨，應留給對方一個悔改的餘地。

倘若一個人得罪了你，你不但不跟他計較，不向他報復，反而原諒他、寬恕他，必要時，還去幫助他，在一般的情形之下，他多半會對你十萬分地感激，十二萬分地慚愧，往往也會因此被你所感動，痛改前非的。

21 開玩笑要有分寸

製造幽默氣氛可以，但千萬別弄巧成拙。

紀曉嵐中進士後，當了侍讀學士，陪伴乾隆皇帝讀書。

一天，紀曉嵐起得很早，從長安門進宮，等了很久，還不見皇上到來，他對同來侍讀的人開玩笑說：

「老頭兒怎麼還不來？」

話音剛落，只見乾隆已到了跟前。因為他今天沒有帶隨從人員，又是穿著便服，所以沒有引起大家的注意。皇上聽見了紀曉嵐的話，很不高興，就大聲質問：

「『老頭兒』三字作何解釋？」

旁邊的人見此情景都嚇了一身冷汗。紀曉嵐卻從容不迫地跪在地上說：

「萬壽無疆叫做『老』，頂天立地叫做『頭』，父天母地叫做『兒』。」

乾隆聽了這個恭維自己的解釋，就轉怒為喜，不再追究了。

在不協調和交際危機中，成功地運用自己的機智和口才，隨機應變，可以化解矛盾，幫助交際者走出困境，紀曉嵐正是成功地運用曲意直解，將對乾隆有不尊性質的「老頭兒」三字，巧釋為「萬壽無疆」、「頂天立地」、「父天母地」。這樣不但化險為夷，而且變辱為恭。

有的時候明明是一句玩笑話，對方卻信以為真，結果就造成說者不快、聽者生氣的後果。

這種情形的發生原因，大致有下列三種：

⑴以對方費心思考、重視的事開玩笑。

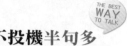

⑵個性耿直的人經常會把別人的玩笑話當真。

⑶對方有心事，沒有心情聽玩笑話。

這和第一種情況類似。由於焦躁不安、過度疲勞、精神過於緊張等因素，也會使一個正常人的精神或肉體陷入緊繃狀態，而聽不下任何玩笑話。

另外，有強烈自卑感和被害者意識的人，也是開不得玩笑的：

如此一來，或許你會懷疑：「那麼，玩笑話是說不得了嗎？」其實也不盡然。一般而言，玩笑話大多具有使工作場所變得活潑，化解呆板氣氛的功用。關鍵在於我們是否看準當時對方的心情罷了！

22 難以啟齒的話該怎麼說

委婉不強調繞大圈子，否則，講了半天全是廢話連篇，與其如此，不如不講。

恭維別人，盡說一些拍馬屁的話，並不困難。但是在職場中，有時候不得不說一些對方不願意聽，或者對對方不利的話。

覺得難說出口而一拖再拖，不但會令你更加開不了口，而且，當山窮水盡不得不說的時候，會被責問：「為什麼不早一點告訴我？」這麼一來，你的形象在別人眼裡就大大地下降了。

許多人都有過膽小、懦弱的時候，對於說不出口的話，總是沒辦法坦然地說出，因此吃了不少虧，也給別人帶來了麻煩。

說話的技巧是要抓住要點，適時地的把內容做最有效果的傳達。所以，滿嘴嘰哩呱啦、說得天花亂墜，在必要關頭卻開不了口的人，算不上「能言善道」。

那麼，要如何才能把一件不便說出口的事，巧妙婉轉地表達出來呢？

(1)早做決定

「說不出來的話，更要早一點表達」，是第一要點。時機一錯過，更開不了口。

(2)緩和對方所承受的壓力

直截了當地把「不，不行」向對方表白的話，會刺激到對方的情緒，造成彼此的不快。尤其是對於主管、上司，更不能用直接的拒絕方式。

如果對方是充滿自信心、人格又相當高尚的人，或許對於毫不留情的反面言語，會平心靜氣地接受。但是，這樣的人實在太少了。

因此，最好的應答方式是「啊，是這樣的啊！」、「原來如此」，先正面地接受它，然後再婉轉地把自己相反的意見，以「我覺得……不知您覺得如何？」的方式表達出來。

(3)提示方法

有些時候必須委託大忙人代理一些事，這時一般人往往會說：「真抱歉，這麼忙的時候又打擾您……」

其實，不如提示對方一些處理方法，這樣，對方承接工作的意願就會提高些。

另外，糾正別人、斥責別人的時候，總是難以開口。如果換個講法，提示一點意見給對方，就可以毫無芥蒂地開口，相信對方也能夠順從地接受。

23 自言自語也是種溝通

自言自語如果用得妙用得巧，比實話實說還管用。遇到某些難堪的場面，或不便直接了當說話的時候，自言自語能使你不費口舌地解決問題。

一般來說，自言自語是指在沒有他人在場的情況下自說自話，可是在一對一或一對多人時，若能抓住時機，巧妙運用，也可當成攻心的武器。

是否曾碰到這樣的情況，在會議上或生意上交涉時，還是與親友談正經事時，對方突然自言自語，你以為對方真的突然想起某事而中斷話題，但這種喃喃自語中，有時候會隱藏著經過算計的圈套。如果當時場面正好不利於對方時，那十之八九是屬於有心機的喃喃自語，想脫離主題，當你反問對方：「你在說什麼？」對方可能搪塞說：「不！不！這是我私人的事……」

換言之，對方是為了閃避對自己不利的情勢，而故意中斷話題來削減我方的氣勢。具體地說，當你在會話中占優勢時，如果對方顧左右而言他：「等一等，現在幾點了？我約好三點打電話給董事長……對不起！對了，你剛才說到哪裡了？」這種詭計足以擾亂我方的步調。

這是一種盡量避免直接發生衝突的解決問題的絕妙的方法。

某公司的一位處長是位有名的「自言自語者」，這位仁兄的個子瘦小，其貌不揚，怎麼看也不像個處長的樣子，他了解部下們因此對自己瞧不起，並且也不情願接受他的命令，於是，便使出了「自言自語」戰術。

冬天，當室內的暖氣過熱時，一般情況下，有些主管會以命令的方式解決這一問題。而他卻做出一副很熱的樣子，用脫衣服或解開領帶等行動來暗示，並且還自言自語地說：「啊！真的蠻熱的！」

旁邊的員工聽了他的話，便會自動地將暖氣關小。

若是你的手下經常有上班遲到的現象，你不妨若無其事地在辦公室來回地走動，並且自言自語地說道：「如果大家都能早點來，那該多好。」

對於上班時間不認真工作而只顧聊天的部下們，也可以如法炮製地說：「早做完事就可以早下班。」

有些人對被大聲斥責毫不在乎，在這種情況下，自言自語反而比當面斥責更為有效。因為這種旁敲側擊的表達自己某種意見的方法，不會使人難堪，當事者在聽到這些話後，會在自責中自覺地接受他人的意見，改變自己的言行。

許多場合的正面指責會引起反作用，如果對方是位長者、社會名流或受過他恩惠的人，則更要注意使用旁敲側擊的方式。如交談時，因自己處於下風，而對方聽說的言詞你又不敢苟同時，便可以用：「哦！是嗎？」或「真是這樣嗎？」等這類滿不在乎的反應，以自言自語的方式不斷反覆著，對方於開始時並不會發覺，到後來也漸漸懷疑自己說話的可信程度了。

24 不得罪人的拒絕方法

拒絕人一定要講究策略，婉轉地拒絕，令對方心服口服；避免生硬地拒絕，使對方心生不滿，甚至懷恨、仇視你。

該怎樣拒絕別人，才能達到自己的目的，又盡量不得罪人呢？

(1)自言自語

不好意思直接說出的話，不妨當面裝作自言自語。

人們礙於面子，很多話當面說不出口，裝作自言自語說出心中所想，對方便會知趣而退。

在自言自語中，當事人沒有意識到自己將內心想法暴露無遺。因此，會談時，有意識地運用這種方法，可將自己不好意思直接說出的話間接表達出來。比如，你可以說：

「我現在能不能這麼說呢？」

「不行，我到現在事都沒辦好。」

「我怎麼會立即和他交談。」

對方聽到後，便會覺得索然無味，自動停止說話。

(2)裝傻

推銷員一進門，迎出來的一個白髮老頭。推銷員恭恭敬敬鞠了一躬。「喔，喔，可回來了！你畢竟是回來了。」老頭脫口而出，「老伴快出來，兒子回來了，是阿強回來了。很健康，長大了，一表人才！」老太太連滾帶爬地出來了。只喊了一聲「阿強！」就捂著嘴，眨巴著眼睛，再也說不出話來。推銷員慌了手腳，剛要說「我……」時，老頭搖頭說：「有話以後再說。快上來，難為你還記得這個家。你下落不明的時候才小學六年級。我想你一定會回來，所以連這個舊門都不修理，不改原樣，一直都在等著你呀。」

推銷員實在待不下去了，便從這一家跑了出來。喊他留下來的聲音始終留在他的耳邊。用裝傻的手段捉弄和對付難纏的推銷員，不失為一種高明的手段。

(3)先站在同一立場，再找理由婉拒

站在同一立場，是一種禮儀，例如承諾之後，一句「但是」，便可以扭轉話題，提出自己的立場，所以不必擔心「承諾」結果真如你所「承諾」的那樣，這也便是「承諾」的妙處所在了。

用「我真想幫你的忙，但是……」推出你已運籌於胸的一系列理由，其意思和你說「不行，這是絕對不可能的」是同一立場，但聽起來順耳，動聽多了。

英國陸軍統帥亞瑟・威爾斯利・威靈頓曾因成功地指揮了英國對拿破崙的半島戰役被封為公爵，之後他又與普魯士將軍布呂歇爾在滑鐵盧最終擊敗了拿破崙。

他早年曾在印度服役，阿薩戰役時，他負責同一名印度官員祕密談判。這位官員急於想知道能割讓多少土地給他們，想盡辦法都不能讓這位將軍開口。最後這位印度人說，只要威爾斯利透露給他這個消息，他願出五十萬盧比酬金。

威爾斯利問他：「你能保密嗎？」

「當然，我能保密。」印度官員急切地答道。

「那我也能保密。」威爾斯利說。

⑷盡量少用否定對方的字眼

拒絕的時候盡量不要用否定對方的字眼。在職場中，遇到你必須拒絕的事情，也不能傷害對方的感情，這時你可以尋找一些托詞。如：

「待我考慮考慮再答覆你吧！」

用這種辦法，可以擺脫窘境，既可不傷害對方的感情，又可使對方知道你有難處。比乾脆毫不含糊地講「不」要強得多。

另外，避開實質性的問題，故意用模棱兩可的語言做出具有彈性的回答，既無懈可擊，又達到在要害問題上拒絕做出答覆的目的。

以下這位著名造船家對權威學術的婉轉評價很值得借鑑：德皇威廉二世設計了一艘軍艦。他在設計書上寫道：「這是我累積多年研究，經過長期思考和精細工作的結果。」他請國際上著名的造船家對此設計做出鑑定。

過了幾周，造船家送回其設計稿並寫下了下述意見：

「陛下，您設計的這艘軍艦是一艘威力無比、堅固異常和十分美麗的軍艦，稱得起空前絕後。它能開出前所未有的高速度，它的武器將是世上最強的，它的桅杆將是世上最高的，它的大炮射程也將是世上最遠的。您設計的艦內設備，將使艦長到見習水手等全部乘員都會感到舒適無比。你這艘輝煌的戰艦，看來只有一個缺點：那就是只要它一下水，就會立刻沉入海底，如同一隻鉛鑄的鴨子一般。」

所以一定要記住，拒絕對方，盡量不要傷害對方的自尊心。要讓對方明白，你的拒絕是出於不得已的，並且感到很抱歉、很遺憾。盡量使你的拒絕溫柔而緩和。

25 如何拒絕人事請託

徵才的良窳關係著一家公司的興衰，長輩或上司安插人手，有時候來的人正好適合，但更多時候所薦非人，這時該如何處理？

一個人在社會上打滾越久，所建立的人際網絡越是綿密，大家利用別人和自己，搭起了一張張交織的關係網，互相利用，互相「照顧」。然而有時面對著你不想要的人、不要做的事，瞻前顧後，左右權衡，竟難以說出一個「不」字。

如何走出人情關係的迷思，巧妙地說出「不」字呢？這裡有個例子：

阿賢頂著高科技高學歷光環，出社會工作不久就創業，建立一家科技公司，幾年來，憑著自己所學的專業技術，加上市場瞄得準，業績蒸蒸日上，股價不斷飆升，吸引了許多年輕人想擠進公司。

一天，他的一個老上司打電話給他，想推薦一個職員，問他能否接收。礙於面子，他讓老上司帶著求職者來面試。面試結果很不理想，是個庸才，勉強讓他進入公司的話，既幫不上公司的忙，他自己也所學非用，更破壞公司人事制度；但老上司以前待自己不錯，礙於面子，不好拒絕。

阿賢考慮到：

⑴從大處、長處著想，必須拒絕。

⑵要坦誠公司實際情況，讓老上司及求職者明白不接受的客觀原因。

⑶要顧全老上司的面子，免傷自尊與和氣。

深思之後，阿賢先邀請老上司和那個求職者參觀公司，了解所應徵職務的部門職員忙碌的情況和工作的難度，包含公司徵人的規章制度。接著請兩個人吃飯，聊及老上司給過的指導：「老長官，在您的指導與建議下，公司發展很快，我非常感謝您的理解和支持。您教我建立的內部管理制度，效果非常好，希望您能繼續指導。對於這位朋友所應徵的職務，與他所學的關聯性很低，公司研究後沒有通過他的人事案，如果我們公司未來有適合他的職務，我再想辦法讓他去試試，目前先讓他到其他適合他的公司闖一闖。您看這樣好嗎？」

阿賢通過讓他們了解實際情況，「開誠布公」明確拒絕了，而且這時候即使不主動拒絕這位年輕人，他在看到這家公司的情況後也有了自知之明，懂得要知難而退。阿賢對著兩個人談老上司的指導，表達出自己的感激，也在年輕人面前顯示出老上司的能力，給了他很大面子。此外，以自己公司現在不適合，但未來可能有機會，留給對方一個後路。

從這個例子可以看出，要巧妙地拒絕應該做到：

⑴讓對方了解實際情況和難處，開誠布公地拒絕，使對方相信你的真誠。

⑵要給對方留下面子，切不能傷人自尊。別人之所以來你這裡求職，一方面是你公司的發展前景；另一方面也是公司的聲譽。拒絕對方而不留面子，不僅會破壞你們的關係，而且也會影響整體聲譽。影響公司招納賢才的禮讓形象。所以絕對不能以傷人自尊的方式拒絕對方。

⑶力求使對方釋然、高興地退下。讓對方感覺到公司的發展也有對方的一份力量（雖然不是公司職員，但局外人的支持和幫助也是難能可貴的）。這使得公司增強了一份社會力量。

⑷注意選擇拒絕的時間、地點與方式。一個原則是當拒絕一定時，要及早拒絕，堅決不拐彎抹角地拒絕，好讓對方有所準備，避免招致對方的錯覺和不必要的麻煩。

誠然，在關係下的拒絕，你總會有點不安，但是你不能不拒絕。那麼巧妙地布置，把交際當舞臺，安排好拒絕的主角和配角，就會拒絕成為一門創造性的人際交往藝術，於是你達到了你的目的，也避免了造成關係的僵化。

26 對上司提建議的方法

千萬不要看到上司臉色不好就忙不迭地改變自己觀點。堅持自我，但不用高姿態的發言方式，上司會明白你的苦心的。

上司需要意見，上司都不是萬能的神，有些問題連他們都解決不好，所以上司需要下屬經常向他提出好的意見。

對於那些直言相諫的人，上司頭疼的不是他提的意見，而是意見的提出方式。

「主任，您剛才說的觀點完全錯了，我覺得事情應該這樣處理……」或者「主任，您的辦法我不敢苟同，我認為……」，這些方式首先否定了主任意見的全部，自然，後面的觀點讓上司覺得臉上面子掛不住，從一開始就對下屬好的意見產生抗拒。

如果能抓住上司意見中的某一處你所認同的地方，加以大力肯定，爾後提出不同的意見，則易被接納。因為先肯定上司意見的某一處價值，就已打開了進入上司智庫的大門，例如：「主任說得對，在××方面，我們的確應當給予充分的重視，這是解決問題的前提之一，我認為，除此之外，我們還應當……」接下來提出自己觀點，爾後重點在於論證過程，說理、舉例，指出不這樣做的後果，使上司了解你的意見從實踐上更加可行。

結束發言之時，別忘了強調你提出不同意見的出發點。

「所以我想，如果真能這麼做的話，排除這個問題是不費吹灰之力，公司也能以更快的速度發展。」

聽了這話後，上司會意識到你的一切意見的最終目的，都是為了公司的前途，也就是大家的前途。

(1) 提建議時，不要急於否定上司原來的想法

提建議時，多注意從正面有理有據地闡述見解。有民主要求，還要有民主素養，即要懂得尊重他人意見，尊重上司意見。這樣，他才會承認你的才幹。

對上司個人的工作提建議時，盡量謹慎一些，必須仔細研究上司的特點，研究下屬用什麼方式提出的意見最容易被接受。大咧咧的上司可用玩笑建議法，嚴肅的上司可用書面建議法，自尊心強的上司可用私下建議法，喜讚揚的上司可用寓建議於褒獎之中的方法等等。

(2)不要以為上司不願聽建議

「不要向上司提建議，顯示自己高明是不好的，他會嫉妒你的。再說，提出來也沒用，即使再正確，他也不會聽。」有些人在與上司的互動中，總結出上述的經驗，但這種說法是不對的。

一位主任多次說，他不需要別人出主意，需要的是有人去做。一次研究工作時，一位下屬提了三條建議，他當時沒說什麼，但在工作中卻採納了兩條，由於沒有採納另一條，工作中遇到了麻煩。此後，他歡迎大家出主意，提出意見，要大家有什麼話都說一說。

主管要負責很多事，但人的精力總是有限的，而且，智者千慮，必有一失。這時，你提出建議，彌補或挽救工作中出現的問題，他嘴上不說，心裡也會感激你。問題在於你提意見的內容，要真正顯示出你的才華和意見的重要性，要真正表現出善意，若是所提的意見沒有被接受，也不要斤斤計較。

(3)提意見，不要夾雜私怨

有這樣一個實驗，給被試驗者一份文件，內容是主張對竊盜罪判以重刑，認為目前的處罰太輕。對A組被試者說，這份建議是法官提出來的；對B組被試者則說，這份建議是監獄中服刑的竊盜犯提出來的，其實這兩份建議的內容相同，都是實驗者寫的。實驗表明，B組被試者更傾向於認為，對竊盜犯應該判以重刑。

這個實驗說明，一個建議，其中夾雜的個人私利越少，越容易被人接受。因此，在向主管提出建議時，應該更多地從部門和工作的立場出發，顯示出為整體或主管著想，而不要被主管認為：「這個人，只是為了達到個人的目的，才提這個意見。」

⑷提意見不要損害主管的尊嚴

「我不同意主任的意見，這種作法在實際中根本不通！我認為應該……」

這種提意見的方法有點欠妥。

提意見，要以建議的方式提出供主管參考，不要涉及他的觀點和方案，而是闡述自己知道的事實、自己的想法、自己的方案，並且說明「這不一定對，僅供主管參考」。

事實上，越是善意的、建設性的建議，越是可能被主管接受。

27 對上司提異議的方法

為尊者諱，如果你要在眾人面前用言語壓過上司，上司就會在眾人面前叫你滾蛋。

小林平日工作幹練對公司頗有建樹，但始終沒有得到拔擢。終於有一天她忍不住了，為這事與上司爭了起來。

在爭論中，兩人互不相讓，氣氛十分緊張。這場唇槍舌戰之後不久，小林就不得不離開那家公司。

從這件事上可以看出，非常遺憾，小林沒有遵守與上司打交道的基本規則：沒有把握取勝，不能輕易向上司開戰。

不過這並不意味著應當避免與上司衝突。對一位不甘寂寞的下屬來說，至關重要的恰恰不是唯唯諾諾，而是把自己的不同見解恰到好處地向上司表明。而避免矛盾，只能暫時奏效，長此以往，下屬吃不香睡不甜，人格受壓抑，上司則耳不聰目不明，指揮失當。

如何才能做到既提出了異議，而又不冒犯上司呢？以下幾條規則也許對一些欲言又止的下屬們提供了極有益的啟示。

(1)選對時機

在找上司闡明自己不同見解時，先向祕書了解一下這位上司的心情如何是很重要的。

即使這位上司沒有祕書也不要緊，只要掌握幾個關鍵時間就行了。當上司進入工作最後階段時，千萬別去打擾他；當他正心煩意亂而又被一大堆事務所糾纏時，離他遠些；中飯之前以及度假前後，都不是找他的合適時間。

(2)先消了氣再去

如果你怒氣沖沖地找上司提意見，很可能把他給惹火了。所以應當等自己心平氣和，儘管長期以來已積聚了許多不滿情緒，也不能一股腦地發洩出來。應該就事論事地談問題，因為在上司的眼裡，一個對企業持有懷疑態度、充滿成見的下屬，不但自己的工作效率無法發揮，還會影響其他同事士氣，如此，也就只能請這個下屬另尋出路了。

(3)鮮明地闡明爭論點

當上司和下屬都不清楚對方的觀點時，爭論往往會陷入僵局，因此下屬提出自己的見解時必須直截了當，簡明扼要，能讓上司一目了然。

在公家單位任職的科長小惠很少與上司發生磨擦，這並不意味著她對上司百依百順，她的方法是，把自己的不同意見清楚明瞭地寫在便條紙上請上司看——「這樣能使問題的焦點集中，有利於上司思考，也能使上司有點迴旋的餘地。」她說。

(4)提出解決問題的建議

通常說來，你所考慮到的事情，上級早已考慮過了。因此如果你不能提供一個即刻奏效的辦法，至少應提出一些對解決問題有參考價值的看法。

(5)站在上司的立場上想一想

要想與上司相處得好，重要的是你必須考慮到他的目標和壓力，如果你能把自己擺在上司的地位看問題、想問題，做他的忠實夥伴，上司自然也會為你的利益著想，有助於你實現自己的目標。

28 跟上司說話的禁忌

上司可以主宰你的一生與未來，老是語出不遜將帶給你一生的災難，所以要了解與上司說話時的忌諱，避免誤踏地雷而被冷落得不明不白。

上司畢竟不像一般同事。俗話說：伴君如伴虎。所以與主管相處，就更應該注意，平時說話交談，彙報情況時，都要多加小心。特別是一些會使主管不快的話，更要注意分寸。

(1)催主管動作快些

不經意地說：「太晚了！」這句話的意思是嫌主管動作太慢，以致於快要誤事了。在主管聽來，會有「為什麼不早點」的責備意味，這樣的話在平時說來無所謂，在下屬與上司共事時說來就有失分寸。

(2)使主管下不了臺

對主管說：「這事不好辦！」主管交辦任務下來，而下屬卻說「不好辦」，直接不給主管面子，一方面像是推卸責任，另一方面也顯得主管沒遠見，使主管下不了臺。

(3)說了該是主管說的話

對主管說：「您真讓我感動！」其實，「感動」一詞是主管對下屬的用法，例如說：「你們工作認真負責不怕吃苦，我很感動！」而晚輩對長輩或下屬對上司用「感動」一詞，就不太恰當了。對主管的尊敬，應該說「佩服」，如：「經理，我們都很佩服您的果斷！」這樣才算比較恰當。

(4)說了自己不該說的話

對主管說：「我不清楚。」、「不行。」、「沒關係！」這類話是對主管的不尊重，缺少敬意。退一步來講，也是說話不講究方法的表現。

(5)說無所謂

對上司的問題回答：「無所謂，都可以！」這樣的話顯示出對主管提出的問題根本不在意，同時既顯得對主管不夠尊重，也有怠慢自己責任之嫌。

(6)過度客氣反而會招致誤解

和主管說話應該小心謹慎，顧全大體。但顧慮過多則適得其反，容易遭受誤解。

因此應該善於察言觀色，以平常心去應付，習慣成自然，對這類情況就可以應付自如了。如果想克服膽小怕事的心態，有時越是謹慎小心，反而更容易出錯，會被上司誤認為沒有魄力，不值得重用。

29 跟上司相處的技巧

與上級相處，鄭板橋的「難得糊塗」之道，真是至理明言。我們要學會降虎之術，那就是使自己顯得笨一點、愚一點，讓上司顯得英明一些，高大一些。

每個人都喜歡別人認為自己聰明，有才華又能幹，因此，很多人言談舉止之間，總是有意無意展示一下自己某方面的優勢。如果是在同事、朋友之間這樣做，應無大礙，若是在主管面前蓄意張揚，反而會招致楣運。因為要是你太聰明了，什麼事都瞞不過你的眼睛，蓋過主管的風采，就會成為主管眼中釘肉中刺，早晚要剷除掉才安心。

三國時期的楊修，在曹營內擔任主簿，思維敏捷，甚有才名，為人恃才自負，屢犯曹操之忌。曹操曾建造一所花園，竣工後，曹操觀看，不置可否，只提筆在門上寫了一個「活」

字，手下人都不解其意，楊修說：「『門』內添『活』字，乃『闊』字也。丞相嫌園門闊耳。」於是重修門牆，改造完畢又請曹操前往觀看。曹操大喜，問是誰解此意，左右回答是楊修，曹操嘴上雖讚美幾句，心裡卻很不舒服。又有一天，塞北送來一盒酥餅，曹操在盒子上寫了「一盒酥」三字。正巧楊修進來，看了盒子上的字，竟不待曹操說話自取來湯匙與眾人分而食之。曹操問是何故，楊修說：「盒上明書一人一口酥，豈敢違丞相之命乎？」曹操聽了，雖然面帶笑容，可心裡十分厭惡。

曹操性格多疑，深怕有人暗中謀害自己，謊稱自己在夢中好殺人，告誡侍從在他睡著時切勿靠近他，並故意殺死了一個替他拾被子的侍從。可是當埋葬這個侍者時，楊修喟然歎道：「丞相非在夢中，君乃在夢中耳！」曹操聽了之後，心裡愈加厭惡楊修，便想找機會除之。

曹操率大軍迎戰劉備打漢中時，在漢水一帶對峙很久，曹操由於長時屯兵，到了進退兩難的處境。此時恰逢廚子端來一碗雞湯，曹操見碗中有根雞肋，感慨萬千。這時夏侯惇入帳內稟請夜間號令，曹操隨口說道：「雞肋！雞肋！」於是人們便把這句話當做號令傳了出去。行軍主簿楊修即叫隨軍收拾行裝，準備歸程。夏侯惇見了便驚恐萬分，把楊修叫到帳內詢問詳情。楊修解釋道：「雞肋雞肋，棄之可惜，食之無味。今進不能勝，退恐人笑，在此何益？來日魏王必班師矣。」夏侯惇聽了非常佩服他說的話，營中各位將士便都打點起行裝。曹操得知這種情況，以楊修造謠惑眾，擾亂軍心罪，把他殺了。

俗話說得好：「聰明反被聰明誤。」楊修是一個絕頂聰明的人，問題在於他被聰明所蒙蔽，處處都要露一手，所謂「恃才放狂」，不顧及別人感受，不考慮別人好惡，而這個別人，卻是曹操這個恃才傲物的頂頭上司。於是，楊修終於送掉了自己的小命。

楊修智慧超人，卻因過於自負，不給曹操留一點面子，而喪了性命，這是每一個想以「聰明」博得上司歡心的下屬應該吸取的一條教訓，曹操的「雞肋」、「一盒酥」及門中的「活」字等，都是普通的智力測驗，是一種文字遊戲。他的出發點並不是真為了給大家出題測試，而是為了賣弄自己的超人才智，因此，即便下屬主觀上猜著了，也只能含而不露，甚至還要以某種意義上的「愚笨」去襯托上司的「才智」。但是，楊修卻毫不隱諱地屢屢點破了曹操的迷局。雖然說楊修鋒芒外露，好逞才能，但因此而賠上了自己的性命，未免太可惜了。楊修聰明反被聰明誤的故事告訴我們：欲利用上司的下屬，必須要具備良好的素養，處處想到表現自己，放任自己，無視上司的自尊心和心理承受能力，鋒芒畢露，咄咄逼人，必然會招來上司的忌恨，引火焚身。

30 身為上司的領導魅力

作為領導人，光靠職權，光發命令未必能夠帶動企業上下眾志成城；充分地展現個性魅力，反而能展現出不同於尋常的權威形象和權威力量。

對外交往中，言語必須與自己的身分相符合，這是毫無疑問的。但是，如果能恰當地引入個性特點，則能產生極好的效果。許多優秀的外交家，正是以獨特的個性特點而形成迷人的外交風格，從而產生極大魅力。以中國的兩任外交部長為例，人們評價周恩來，嚴謹、細緻、體貼；而陳毅豪放、灑脫、熱情，兩人的外交風格各有所長，相得益彰。陳毅是個元帥，又是外長，人稱「元帥外交家」。他坦率、愛衝動、直言快語的個性特點在他應答如流、不拘一格的談吐中得到充分的展現，形成他獨有的外交風格。一九六四年四月，陳毅率團到印尼首都雅加達參加在那裡召開的第二次亞非會議籌備會。他和印尼總統蘇卡諾一見面，就發現雙方在開會的地點、時間上的意見不一致。按蘇卡諾的想法，第二次亞非會議的地點仍在印尼的萬隆，時間就定在當年。陳毅也說了自己的意見：第一次亞非會議已在萬隆開過了，第二次亞非會議應選在非洲國家開。陳毅對蘇卡諾說道：

非洲的獨立國家有四十個之多，總統閣下如果主張在非洲開，就是支持非洲，這樣就站得高、看得遠，顧全大局，表現了政治家風度，證明你沒有什麼私利打算，發言就響亮。

快人快語，遠見卓識。蘇卡諾一聽，深感有理。可是在開會時間上，他仍然堅持當年開。陳毅就以幽默的語言詼諧地說道：

你是總統，我是元帥，我作你的參謀長如何？——好，既然是你的參謀長，就聽聽我的意見。我認為最好在明年開，為什麼？因為今年七月有阿拉伯首腦會議，八月非洲首腦會議，十月不結盟國家會議，之後還有英聯邦會議、聯合國大會，這些國家領導人長期在國外開會怎麼行呢？亞非會議和不結盟會議，不應該互相競爭，而應當互相補充，即使要競爭，也不必用搶先開會的辦法競爭。

陳毅以自薦參謀長的方式入題，幽默風趣，又見其軍人本色。最後，雙方就地點、時間問題大體達成了一致意見。蘇卡諾感慨地說：「我與其他國家領導人談話，從未像與你這樣談過。」

陳毅在外交活動中，以其軍人特有的個性和其外長的身分相結合，產生了獨具魅力的風格，引起了世界各國領導人和人民的尊敬。

31 對下屬也要拍馬屁

拍手下人的馬屁僅需一句話，就可以使他高興一陣子。

許多人做人的方式，是「對上捧，對下壓」，但從做人的觀點看，這做法大錯特錯。真正懂得做人的人，對上拍馬屁固然無可厚非，但對下也一樣要「哄」。最聰明的人，甚至會偶爾拍拍手下的馬屁！

這要點是，大凡居高位的人，一定習慣了給人拍馬屁，於是人拍你也拍，這馬屁便不稀罕，要拍也得別出奇招才行。但是，如果你偶爾拍拍下屬的馬屁呢？不用說，這一招受用之極。

一般來說，下屬和你的階級距離越大，這馬屁便越受用！

當然，所謂拍馬屁有許多方法，可軟拍也可硬拍。

陳總經理今天看到辦公室助理力群配了一副名牌新眼鏡，便讚他戴這副眼鏡好看，等於輕輕的拍了力群一下馬屁，而力群聽到總經理讚美他，簡直比女朋友讚美他還要心花怒放。

上司在辦公室擺足架子，對底下的人惡言呼喝，也不過就是想令他辦事認真點。要達到這效果，還不如哄哄下屬，正向激勵他。

像陳經理讚美力群的鏡框，便是一個好例子。以後陳經理叫他辦事，他也會分外賣力。對力群來說，這可能簡直像知遇之恩！

這例子雖然說得誇張，但在社會上，地位越低的人往往越會感恩圖報，越會有義氣。這類人其實最值得拉攏，甚至值得交朋友。

社會底層的人「為什麼不發達」？不一定是他讀書不多，本領不足。許多人之所以一世居低下層，多半只是因為他太老實，不會做人。

從好的角度來看，這類老實人是最值得交的真朋友，許多人不交這種朋友，不過是因為階級觀念作祟。

32 鼓勵下屬的方法

變化性的鼓勵比不變化的鼓勵更有影響力。

當孩子不愛做家事，經常大聲地訓斥他，不僅無濟於事，家庭的氣氛也會變得很緊張。改變教育方式，觀察兒子令人喜歡的行為，比如，當他幫助大人洗盤子的時候，就用讚許的口氣鼓勵他，果然，兒子開始熱愛做家事了，家庭的氣氛也和睦多了。

一般來說，鼓勵有兩種形式，肯定的和否定的。肯定的鼓勵出自對主體需要的滿足。例如，給動物食物，撫愛、表揚等等。否定的鼓勵使用於禁止的、要他迴避的事情。例如，打牠，對牠皺眉頭，或者發出不愉快的聲響。

只要發出肯定的鼓勵信號，行為必然會得到改善。

鼓勵的力量是相對的，不是絕對的，鼓勵是有條件的。下雨對鴨子是肯定的鼓勵，對貓卻是否定的鼓勵；在動物溫飽的時候，食物並不是鼓勵的有效因素，但是，在訓練動物的場所，這是各種鼓勵法中最有效的方式。

鼓勵是一種資訊，通過傳導的方式起作用。它準確地告訴對方，你喜歡、需要的是什麼。在運動員和舞者的訓練上，教練的口令「對！」或者「好！」絕不是在訓練結束後的更衣室閒聊，事實上，它意味著發出需要動作的一個信號。

觀看足球賽和籃球賽時，激動人心的喝彩與鼓勵的場面往往會打動球員的心。每當一個扣籃得分或者精彩的險球之後，場邊人群中爆發的雷鳴般的喝彩聲，使球員和觀眾的感情交流融為一體，球員們受到多麼大的鼓舞啊！

鼓勵要即時，不能過早也不能過晚。如果你說，「孩子，昨天晚上你很乖！」他會回答：「怎麼，您的意思是現在我不乖嗎？」當孩子們遇到挫折而灰心喪氣的時候，我們應該經常鼓勵他們對於困難的事情勇於嘗試。

否定性的鼓勵要掌握分寸。父母或老師批評孩子，如果無休止地進行下去，主觀的願望是完成了，但它並沒有成為一個資訊，無法發揮影響行為的效果。在傳導理論中，它只能叫「噪音」。

某些「繼續下去」的鼓勵，僅僅在學習階段是必要的。在教孩子騎自行車時，你可以這樣鼓勵他：「好，再大膽些！」當他學會了騎車後，如果你還這樣鼓勵他，他就會以為你告訴他，可以忽略安全問題了。

33 正確的傳達口頭指示

不需要擺架子時，主管可以視情況放低身段，用方便簡捷的口語溝通，但對於口語的理解與記憶因人而異，所以口頭指示時應要求複誦，以確認下屬完全理解。

一九一〇年，美軍部隊在一次傳遞命令中情況是這樣的：

營長對值星官說：「明晚大約八點鐘左右，在這一地區將可能看到哈雷彗星，這種彗星每隔七十六年才能看見一次，命令所有士兵著野戰服在操場上集合，我將向他們解釋這一罕見的現象；如果下雨的話，就在禮堂裡集合，我將為他們放映一部有關彗星的影片。」

值星軍官對連長說：「營長命令，明晚八點哈雷彗星將在操場上空出現。如果下雨的話，就讓士兵們穿著野戰服前往禮堂，這個罕見的現象將在那裡出現。」

連長對排長說：「營長的命令，明晚八點，非凡的哈雷彗星將身穿野戰服在禮堂中出現，如果操場上下雨的話，營長將下達另一個命令，這種命令每隔七十六年才會出現一次。」

排長對班長：「明晚八點，營長將帶著哈雷彗星在禮堂中出現，這是每隔七十六年才會有的事。如果下雨的話，營長將命令哈雷彗星穿上野戰服到操場上去。」

班長對士兵：「在明晚八點下雨的時候，七十六歲的哈雷將軍將在營長的陪同下身穿野戰服開彗星汽車經過操場前往禮堂。」

我們當然不願意造成這樣的誤會。主管與員工之間的大多數溝通是建立在口頭基礎上的。要想把每一條指令、每一項建議都寫下來做成書面的方式是不切實際的，也是不可取的。但問題在於很多時候以口頭方式發出的簡單指示、請求或意見，被聽者澈底地誤解了。

不論主管多麼準確地表達，多麼精準地措辭，員工還是會在一些時候誤解主管的本意。同一個語詞、同一段話，有時候可以表達諸多不同的意涵，員工的教育背景、生長地域、智力與訓練等等因素，都可能對他們的理解產生一定的影響，這就是為什麼得到口頭回饋十分重要。不要太信任從員工那裡得到的簡短的「是」或點頭這類回答。他是否完全理解了指示？指示的內容是什麼？如果員工在領悟指示時「不夠準確」，爾後會出現什麼問題？你會十分震驚地發現，有多少次資訊是被「曲解」了。

主管對這種意料之外的結果感到非常失望，而員工卻認為自己在忠實地遵循主管的指示行事，也因此十分委屈。

如何減少這種誤解呢？對主管來說，首先要認識到高層管理者和基層員工對話時必須謹慎小心，要具體而準確，任何不經過周密思考的陳述，都可能導致不良的結果。

(1)仔細考慮指示的內容

主管必須認識到，他們所說的每一件事都有著更高的「重要性」，這僅僅是因為對基層員工來說，他們代表著權威。一句看似無關緊要的陳述，可以產生意外的結果，管理層級或職銜越高，這個人所說的話就越重要。任何大公司的總裁都不會輕易發表評論。

主管不僅要思考他們自己打算說什麼，還要考慮別人會如何獲得和理解資訊，甚至還要想到接受者可能做出的反應。

當主管與基層員工對話前，先使用下面這份檢查表進行檢查：

＊我想要說什麼？

＊這一資訊應該告訴給誰？多少人將會受其影響？

＊在傳達資訊時，我依據的是可靠的事實嗎？

＊如何最佳表述資訊，使聽者能夠理解？

＊他們能聽一次就獲得資訊嗎？需要重複表述嗎？

＊聽者可能做出什麼樣的反應，他們會有不同意見嗎？

＊需要對資訊進行「包裝」嗎？

＊在下達指示時，是否還需要當場示範？為了進行這種示範需要做些什麼工作？由誰來進行示範？

＊接受指示的人需要時間進行練習嗎？要多長時間？

運用此一檢查表，可幫助主管在向員工傳達指示之前，先慎重「構思」口頭資訊與指示。這是他們分內的職責。

(2)注意談話的方式和態度

談話的方式與內容同等重要。用粗聲粗氣或厭煩的語氣傳遞資訊時，聽者所接收到的訊息幾乎總是情緒性的。由此可以預料到聽者也會以同樣的情緒做出反應，當你以這種方式講話時，聽者必定對你想傳達給他的資訊感到不快。

語調與行為舉止是重要的溝通工具，指令必須傳達得準確果斷，對指令的執行必須毫無疑問。在傳達指示時，員工應該得到一個全面的解釋，要坦率，要允許提問，要聆聽不同意見，不要以自己的資格而自以為是。對了解自己工作的資深員工給予表揚，認真思考來自員工那裡的任何有意義的意見，以獲得更理想的團隊表現。

指示傳達到員工那裡並被員工所理解是一個層面，員工有足夠的熱情對待它們又是另一個層面，尤其在實行一套新程序或新系統時更是如此。主管必須認識到人性是抗拒改變的，人都喜歡熟悉的東西，變化則令人不舒服。

這就是為什麼主管在傳達指示時，必須表現出積極的態度，不要在傳達指示時感到歉意，不斷改進目前的狀況是領導者的責任。不要埋怨領導者進行的這些變革，因為這無濟於事，主管必須採取的態度是把變革看成是必須的，因為變革的目的是為了更好，而且它一定會更有成效。

對於變革將如何影響到自己以及工作的各個方面，員工有權從領導者獲得解釋，領導者應該盡可能使這些解釋完整全面。

在傳達口頭指示時，主管還必須事先預料到下屬可能做出的反應。他們會提出什麼反對意見？如何回答這些反對意見？如何把無聊的抱怨與合理的關心區分開來？是否某個人比別人的抱怨更多？如何讓這個人在會議中處於「中立狀態」？

對主管來說，試圖向員工灌輸團隊精神也很重要，在對新職責做總結時使用「我們」而不是「你」的稱謂，向員工徵求如何實現目標的建議，主管可以通過親身去做一些沒有人願意做的工作，來表明自己對變革的積極態度。

⑶選擇好談話地點

在傳遞口頭資訊時應該考慮的一項重要因素是，到底應該在什麼地方傳遞資訊？主管辦公室是傳遞資訊最安全的場所。這裡是主管權威的最強象徵。對於所要傳遞的這些資訊來說，主管選擇辦公室作為交談地點是十分恰當的。新的指示、程序的變化、需要解決的問題以及對員工進行的批評。

還有很多的情況，主管到員工的辦公桌前或辦公室裡交談更為恰當。比如，員工可能擁有進行討論的資料和用具，或者，主管不希望打斷員工的工作。如果要表揚員工或對他表現出特殊的認可，到下屬的辦公室裡或辦公桌前駐足交談也是一個好辦法。

主管可能希望相互之間的交流顯得更隨意，在大廳或休息室裡碰到員工，向他說說你的資訊或指令，就好像一切均在不經意的時候發生的。

當需要向很多員工傳達指示或指令時，就需要使用會議室了。在工作區域之外舉行會議，意味著會議不希望受到干擾。

第　三　章

衝突迴避

34 為自己留有餘地

模糊語言是緩衝劑，在事情還不明朗、不能公開或沒決定之時，解除當頭的燃眉之急。

在社交場合尤其是談判中要留下餘地，運用模糊語言是經常使用的重要手段。因為受到人的思想情緒、談判內容、周圍情境等諸多因素的制約，談判的過程一般來說總是複雜多變的，節外生枝、始料未及的情況發生，是常有的事。因此，談判的過程中，說話一定要注意分寸，留有餘地，話不能說太「滿」，要使說話具有一定的彈性，給自己留下可以進退的餘地。

模糊語言靈活性高，適應性也強。談判中對某些複雜的論點或意料之外的事情，不可能一下子做出準確的判斷，這時就可以運用模糊語言來避其鋒芒，以爭取時間做必要的研究和制定對策。

比如在外交會談中，客人友好地邀請主方去他國訪問，主方應按照禮節高興地答應下來，但往往由於種種原因，不能輕率確定具體日程，這時常以模糊語言作答：「我們將在適當的時候去貴國訪問。」這個「適當的時候」可以是一個月、一年、幾年之內，甚至更長時間，具有相當的靈活性。這樣既不會使對方不快，自己又不用為難。

又如對某些很難一下子做出回答的要求和問題，可以說：「我們將盡快給你們答覆。」「我們再考慮一下。」、「最近幾天給你們回音。」這裡的「盡快」、「一下」、「最近幾天」都具靈活性，留有餘地，可使自己避免盲目做出反應而陷入被動局面。

35 批評的技巧

假若同樣的事件或錯誤不會再發生了，那麼在批評之前，最好先三思而行。

不同的人由於經歷、文化程度、性格特徵、年齡等的不同，接受批評的承受力和方式有很大的區別。這就要求主管根據不同批評對象的不同特點，採取不同的批評方式。

不同的人對於同一的批評，會有不同的心理反應，因為不同的人，性格與修養都是有區別的。

可以根據人們受到批評時的不同反應將人分為：遲鈍型反應者、敏感型反應者、理智型反應者和較強個性型反應者。反應遲鈍的人即使受到批評也滿不在乎；反應敏感的人，感情脆弱，臉皮薄，愛面子，受到斥責則難以承受，他們會臉色蒼白，神智恍惚，甚至會從此一蹶不振，意志消沉；具有理智的人在受到批評時會感到有很大的震撼，能坦率認錯，從中汲取教訓；具有較強個性的人，自尊心強，個性突出，「老虎屁股摸不得」，遇事衝動，心胸狹窄，自我保護意識強，心理承受能力差，明知有錯，也死要面子，受不了當面被批評。

針對不同特點的人要採用不同的批評方式，對自覺性較高者，應採用啟發做自我批評的方法；對於思想比較敏感的人，要採用暗喻批評法；對於性格耿直的人，採取直接批評法；對問題嚴重、影響較大的人，應採取公開批評法；對思想麻痺的人應採用警示性批評法。在進行批評時忌諱方法單一，生硬呆板，應靈活掌握批評的方法。

正確的批評要求細密周到，恰如其分，普遍性的問題可以當面進行批評，對於個別現象就應個別進行。另外，也可以事先與之談話，幫他提高認識，啟發他進行自我對照，使他產生「矛頭不集中於『我』」的感覺，主動在「大環境」中認錯。另外，還要避免粗暴批評。

對下屬的粗暴批評不會產生很好的效果。員工聽到的只是惡劣言語，而不是批評的內容。他們的心中充滿了不服和哀怨。這就使其產生逆反心理而不利於問題的解決。

要學會運用「胡蘿蔔加棒子」的策略，防止只知批評不知表揚的錯誤做法。在批評時運用表揚，可以緩和批評中的緊張氣氛。可以先表揚後批評，也可先批評後表揚。

批評還要注意含蓄，借用委婉、隱蔽、暗喻的策略方式，由此及彼，用弦外之音，巧妙表達本意，揭示批評內容，引人思而領悟。萬萬不可直截了當地說出批評意見，開門見山點出對方要害。

36 忠言不用說盡

忠言逆耳，你的一句話可能贏得他的尊敬，也有可能招來殺身之禍。因而在提出忠告時，要注意策略，慎之又慎，點到為止，留有餘地是非常必要的。

要想與某人的關係更進一層，除了一般的關懷和讚美外，還要善於對他的缺點提出善意的批評，對他的不足提出忠告，這樣往往能贏得對方的信任，甚至將自己視為他的知己。

良藥苦口利於病，忠言逆耳利於行。忠告的話聽起來一般都讓人難以接受，甚至會引起他人反感或抵抗，取得相反的效果。商朝末年，紂王昏庸無道，丞相比干多次進諫，紂王非但不聽，還下令將比干剖心處死。在商業行為中，對主管提出忠告很有可能遭致他的嫉妒，結果自己被炒，走人了事；對於下屬的忠告也往往引起他們的不滿情緒。那麼，怎麼進行忠告呢？

(1)忠告要先展現出「忠」

忠告首先應該是對對方誠心誠意的關懷。當你對某人提出批評時，如果對方感受到你並不是為了關心他才批評他，而是出於個人的某種意圖，他馬上會站到與你敵對的立場上。

對人提出忠告的時候，應該抱著體諒的心情。他誠然在某些方面做得不對，但是他可能有難言的苦衷。所以在提出忠告的時候，還要體諒他的難處，不要一味地強求或大加責難。必要的時候要深入他的內心，幫助他徹底地解決「心病」。

(2)從事實出發

忠告要想獲得成功，必須了解真實情況，不要捕風捉影。只有了解事實，才能清楚地判斷是否有必要提出忠告，提出忠告的角度怎麼選擇，忠告以後會有怎樣的效果。如果你只是公司的小職員，在對公司的計畫背景缺乏了解時就提出自己的看法，如何能獲得主管的信賴，更會被視為思考問題不夠周到。不了解朋友的意圖，就對他的行為妄加非議，對方會認為你對他沒有盡一個朋友的責任。

憑藉聽到的資訊忠告別人，容易引起誤解。這時補救的辦法是，先與他溝通，聽聽他怎麼說，等了解清楚事實之後再想辦法消除誤解。

(3)選擇措辭

掌握了事實真相和對方的心理，就該拿出勇氣來忠告，指出他應該改善的錯處。當然要注意你的措辭，否則就容易得罪人。

「現在的年輕人自以為是」、「別理他，反正我們沒有損失」、「這樣太可笑了……」作為一名主管，諸如此類的措辭永遠都是失敗的。主管有指導屬下的義務，對下屬應有深切的愛護之情，以懇切的忠告作為幫助他們進步的動力，能夠很快地獲得愉快的人際關係。如果害怕得罪人，一味地保持緘默，做個老好人，最終無法獲得良好的人際關係。

(4)注意場合

要注意，提出忠告，切忌在大庭廣眾之下。因為提出忠告的時候必然涉及對方的短處，觸動他的傷疤，而每個人都有自尊心，被當眾揭短時，情面上很容易下不了臺，從而產生抵觸情緒。在這種情況下，即使你是善意的，他也會認為你是故意使他當眾出洋相。

(5)把握時機

在當事人感情衝動時不適合提出忠告，因為在衝動的時候，理智起不到半點作用，也判斷不清你的用意，這時提出忠告，不僅不能解決問題，反而火上加油。

(6)簡潔而突出重點

提出忠告的時候，要注意簡潔中肯，按照「一時一事」的原則。若是回溯起對方過去的缺失，再予以責備，當然會引起對方的反感，不理睬你的好心了。所以要掌握重點，不要隨便提及其他的事情是很重要的方法。

(7)留有餘地

在提出忠告的時候要給對方留有餘地，不要把他指責得一無是處。「既然我已經這樣了，那就乾脆一錯到底」，最後反而不如不提忠告。必要的時候可以多舉出對方的一些優點，比如，你可以這樣說：「你平時工作努力，表現積極，唯一的缺點就是想問題的時候稍微草率了一點，如果你思考問題再慎重些，就很有前途了。」用這種口氣跟他說話，他會備受鼓舞，很容易地接受忠告。

37 罵人也要留面子

面子是一個人的招牌，犯錯則是人生中不時會出現的情況，要批評一個人之前，記得要先保護他的招牌，再替他抹去招牌上的灰塵。

有時，人難免因一時糊塗做一些不適當、「錯誤」的事。遇到這種情況，指責別人就需要適度：既要指出對方的錯誤，又要保留對方的面子。這種情況下，如果輕重把握得不適當，或者會使對方很難堪，破壞了交往的氣氛和基礎，可能因此帶來一系列嚴重的後果；或者讓對方占「便宜」的願望得逞，給自己造成不必要的損失。

心理學的研究表明，誰都不願把自己的錯處或隱私在公眾面前「曝光」，一旦被人曝光，就會感到難堪或惱怒。因此，在交際中，如果不是為了某種特殊需要，一般應盡量避免觸及對方所避諱的敏感區，避免使對方當眾出醜。必要時可委婉地暗示對方已知道他的錯處或隱私，便可造成一種對他的壓力。但不可過分，只須「點到而已」。

英國首相邱吉爾曾成功地處理過一件類似的事情。

一次，英國首相邱吉爾和夫人克萊門蒂娜一同出席某重要人士舉行的晚宴。席間，一位著名的外國外交官將一只自己很喜歡的小銀盤偷偷塞入懷裡，但他這個小小的舉動被細心的女主人發現了，她很著急，因為那只小銀盤是她心愛的一套古董中的一部分，對她來說很重要。怎麼辦？女主人靈機一動，想到求助於邱吉爾夫人把銀盤「奪」回來，於是她把這件事告訴了克萊門蒂娜。邱吉爾夫人略加思索，向丈夫耳語一番。只見邱吉爾微笑著點點頭，隨即用餐巾作掩護，也「竊取」了一只同樣的小銀盤，然後走近那位外交官，很神祕地掏出口袋裡的小銀盤說：「我也拿了一只同樣的小銀盤，不過我們的衣服已經被弄髒了，所以應該把它放回去。」外交官對此語表示完全贊同，兩人將盤子放回桌上，於是小銀盤物歸原主。

即使是手下人犯了錯誤，你不得不批評他（她），在批評的時候也要言之有理。既要堅持原則性和鬥爭性，敢摸老虎屁股，又要以理服人，切不可口出惡語，挖苦諷刺，侮辱人格。

同時要做到情理結合，情真理切，特別是對落後者的批評，更要注意親近他們，滿腔熱情地幫助他們進步，才能收到好的效果。

⑴不怒髮衝冠，允許申辯

批評和發脾氣不是一回事。發脾氣有時不但無助於批評的效果，往往還會把事情弄僵。員工做了錯事，或說了錯話，你難免不生氣，生氣歸生氣，做上司的總要有氣度和涵養，要能夠把握自己的情緒，批評時千萬不要聲嘶力竭。

⑵實事求是，不惡語相向

批評宜以理服人，求事實，講道理。你一味地挖苦侮蔑，或者以對方的缺陷為笑柄，過分地傷害人的自尊，往往會適得其反。對方一旦產生抵觸，就很可能以其人之道還治其人之身。

⑶輕重有度，不一棍子打死

批評應就事論事，一就是一，二就是二，哪裡疼就治哪裡的病，而不能誇大其辭，借機整人。不能因一時一事的失誤，就將人的過去全盤否定，或形成限定印象，覺得此人「朽木不可雕也」，更不能當面斷定人「不可救藥」。

⑷講求方法，不仗勢欺人

個別上司如果和下屬發生口角，氣頭上的口頭語是：「聽你的，還是聽我的？」、「這樣做誰說了算？」他們不是平心靜氣的批評，而是用扣獎金，扣工資，調離職位相威脅；不是以理服人，而是仗勢壓人，仗勢欺人。這樣做的結果，常常是不但壓而不服，還結下了心病。

38 有時無聲勝有聲

沉默是金，沉默是避免衝突、傳達意見與情緒的好方法。

不要直接指責對方的錯誤，而是要巧妙地維護對方的自尊心，雖然都是說服對方時必須注意的事項，然而，此時亦有個不可忽略的說服技巧，那就是，於適當時機不與對方交談，亦即不與對方正面衝突的方法。

譬如，孩子的考試成績不理想，一定會認為，當這份「滿江紅」的成績單呈現在父母面前時。必定招來一頓責罵。所以，此時父母應緊閉雙唇，以溫和的微笑代替嚴厲的責罵。這麼一來，孩子反而會更加奮發，極可能在下次的考試中，有令人刮目相看的成績出現。

還有一個與此相似的例子：有位高中棒球隊的選手，在某次練球中，沒有向教練請假，便開溜了。當時，球隊的規定很嚴格，如果這件事被發覺了，選手必會受到處罰。

但是，當開溜的選手看完電影，回到球隊時，教練竟然若無其事地不吭一聲，從此以後，這位選手再也沒有偷懶過，很勤奮地參加練球。

這位選手畢業後，在某次的同學會碰到那位棒球教練，向他說：「教練，當時你一句話也沒說，這種無言的責罵勝過有形的處罰，真是使我終生難忘！」說完，一副感慨良深的神情，教練則以嘉許的眼光看著他。

像這樣，不指責對方的失敗或錯誤，而以沉默代之，也是攻心說服術的祕訣之一，藉此種辦法，可使對方自我反省、自我苛責，以代替說服者的斥責。

以上所敘述的說服術，是在尊重對方自尊心的原則下，進行說服工作時，不可或缺的技巧，即使是在不得不指責對方的錯誤時，也應顧及對方的自尊心，選擇適當的時機，方可一一指出，這是必須注意的事項。

也許有很多人都經歷過，當你在別人面前被指責或斥罵時，不但自尊心受損，也常覺得面子掃地，是一種無比的恥辱，永遠烙在心上。特別是，女性在其他女性面前，被刺傷自尊心的感覺，簡直比死還難過。的確，這是女性自尊心的特徵，因此，應非常留意，盡量避免在他人面前，給她們任何難堪。

所以，在超級市場或百貨公司等地方，若有家庭主婦順手牽羊，負責人也都會顧慮到這種深層心理，將她們帶至別的地方處理，這種情形從攻心說服術的立場來看，也是足資效法的方法之一。

39 太陽與北風

遇到衝突時，假如你在憤怒之下，向對方發洩一頓，氣也許會隨之消失，但對方卻只會更加怒氣中燒。如果你以委婉的態度說話軟化，並不代表你懦弱退讓，而是胸有大度；以強硬的態度說話並不是有骨氣，而是雞腸小肚。

美國總統威爾遜講過：「假如你握緊兩隻拳頭來找我，我想我可以告訴你，我會把拳頭握得更緊；但假如你找我來，說道：『讓我們坐下商談一番，假如我們之間的意見有不同之處，看看原因何在，主要的癥結在什麼地方？』我會覺得彼此的意見相去不是十分遠。我們的意見不同之點少，相同之點多，並且只須彼此有耐性、誠意和願望去接近，我們相處並不是十分難的。」

有一段關於北風和太陽的故事。北風和太陽爭執誰的力量大，北風說道：「我能證明我的力量大，看，地下正走著一個老者身披大衣，我能比你更快地使他把大衣脫掉。」

於是太陽躲進烏雲裡，北風使出他的威力狂吹，但是風吹得越大，那老者越用手拉緊他的大衣。

最後北風筋疲力盡了，停止了，太陽從雲彩裡走出來，開始對著那老者和氣地笑。不久那老者便用手拭他前額的汗並將大衣脫去。於是太陽對北風說：「仁慈和友善永遠比憤怒和暴力更為有力。」

這是個大家都聽過的有趣寓言，但卻帶有很多啟示。

在一所醫院裡，病人擠滿了候診室。一個病人排在隊伍當中，將手中的報紙反反覆覆看了幾遍卻還是沒有向前挪動一步，不由得怒火中燒，敲著候診室的窗戶對護士大喊：「你們這是什麼醫院？這麼多人排隊你們看不見嗎？為什麼不想辦法解決？我們都還有事呢。」

護士小姐面對病人的怒火，耐心解釋：「很抱歉，讓你等了這麼久。是這樣的，剛剛來了位病情危重病人，醫生去搶救了，一時脫不了身。我再打電話問問，看看他還要多久才能出來，謝謝你的耐心等候。」

一席話，說得那個病人不好意思了，一個勁地向護士小姐道歉。

現實中，每個有骨氣的人，恐怕都是吃軟不吃硬的心態，幾千年的倫理思想向我們灌輸的是，人不可無傲骨，不受嗟來之食，這些都沒有錯。問題是我們如何來靈活地運用，比如有人以命令的口吻要求你做這做那，再有修養的人恐怕也想說：不！

所以，為人不可過於固執，是你理虧理所當然要道歉和解；如果是有理，讓人一步也不失身分，人們最終會明白你是正確的，同時也會稱道你的寬宏大量。

40 以毒攻毒

以毒攻毒只可用於對付那些居心不良的小人。

齊國的國相晏子，將要出使楚國。

楚王知道這個消息後，便對手下說：「聽說晏子是齊國最善言辭的人，現在要來我們楚國，我要想個辦法整整他。你們可有什麼好的建議嗎？」

手下的人便給楚王出了個主意。

晏子來到楚國，楚王舉行盛大酒宴招待他。楚國的文武大臣、各國的使節基本上都在座。正當大家酒興正酣時，忽見兩個差人押著一個犯人走進大廳。

楚王故作驚訝，攔住他們問道：「站住，捆著的這個人是做什麼的？」

差人回答：「稟告大王，他是齊國人，犯了偷盜罪！」

於是，楚王不懷好意地笑著對晏子說：「難道齊國人善於偷盜？」

晏子此時已經看穿了楚王的別有用心。故意整出這麼大的排場，目的就是想侮辱齊國，想到這裡，晏子站了起來，嚴肅地對楚王說：

「大王，你是否聽說過這樣一個故事：桔樹生長在淮河以南，是桔樹；生長在淮河以北，就成了枳樹。桔樹和枳樹雖然長得很像，但它們結出的果實味道卻大不相同。桔子又甜又酸，枳子的果實小而澀。為什麼呢？由於水土不同啊！不同的水土養育的結果也大不相同。如今，在齊國土生土長的人，在齊國時不做賊，但一到楚國就又偷又盜，難道楚國的水土使百姓慣於做賊嗎？您說呢，大王？」

楚王聽後苦笑著說：「德才兼備的聖人，跟他開玩笑，真是自討沒趣呀！」

生活中，對於尖酸刻薄者，對於故意尋釁者，我們不能一味地寬厚下去，不能總是向他人展示自己的寬厚仁慈，忍無可忍則無需再忍。

遇上這些對你橫加指責、吹毛求疵、言語中明顯帶有攻擊性的人，首先要控制自己的情緒，不要激動。這時候以平和的心境反擊對方，一是表現出自己的涵養和氣量，二是可以讓對方感到極為不快。因為，他攻擊你的目的就是要讓你發怒，你越生氣、越激動他就越開心。相反，如果你表現得非常平靜，那麼對他的打擊是可想而知的。

在反譏的過程中，態度要強硬，要擊中對手的要害，還要有力量，這樣就可以撿起對方扔過來的石頭再砸他們自己的腳。

41 反唇相譏

以毒攻毒與反唇相譏其實是完全不同的語言藝術。

人們似乎常將以毒攻毒與反唇相譏混為一談，其實這是兩種完全不一樣的語言藝術。

通常，人們的心裡都有陰暗的一面，都有一些不願公諸於世的事情，當人們觸及這些事情時，你往往諱莫如深，不願提及。但有的人偏愛哪壺不開提哪壺，抓住痛處揶揄譏笑。臉皮薄的人通常都受不了而甘拜下風，任其嘲弄或指責。臉皮厚的人就不一樣，他不僅會猛烈地加以還擊，而且還會以此為契機。

一天，某市市長帶著妻子愛莉去視察某建築工地。一個頭戴安全帽的工程師衝著他們喊：「愛莉，還記得我嗎？高中時我們常常約會呢！」

回去的路上，市長揶揄地說：「妳嫁給我是你的運氣，不然妳會是建築工人的老婆，而不是市長夫人。」

愛莉遇見了舊情人，心裡很高興，浮現出種種曾經有過的美好歲月。聽丈夫這樣一說，也不甘示弱，反唇相譏道：「你應該慶幸娶到了我，否則這個市的市長就是他，而不會是你了。」

面對丈夫的揶揄，愛莉如果不予理睬，心裡一定很難受，市長丈夫更是會借機於夫妻關係中占據上風。因而，愛莉靈機一動，反唇相譏。市長的意思是愛莉成為市長夫人是沾了他的光，有些洋洋自得，沒想到愛莉的反擊這麼厲害：你能當上市長全是因為娶了我，是你沾了我的光。他當然會不免一愣，隨即就會因為妻子的聰明詼諧而笑顏逐開，一場夫妻的口角也就消弭於無形。

家庭關係中不可能沒有摩擦，朋友之間也不可能沒有矛盾，這自然是有著各種各樣的原因，觀點不同，性格差異，環境變化都會令夫妻、朋友之間產生不愉快。每個人都想成為有理的一方，於是紛紛揭短，攻擊，這難免會給對方造成傷害，進而激化矛盾。這往往是夫妻、朋友關係緊張的一個原因。有時候反唇相譏是緩解這種緊張關係的良方。

運用反唇相譏的方法，主要環節在於抓住對方言語的實質，順勢來一個巧妙的發揮或類比，讓二者形成衝突，造成不和諧。這種不和諧即可令對方無從回擊；讓對方期待的勝利落空，和你處於同等的位置，這種情勢的轉化本身就含有幽默詼諧的意味。你含蓄的攻擊鋒芒又進一步造成二者的反差。這種前後的反差越大，就越具有喜劇性。

42 模糊焦點

說過的話想撤回時，不需要做很多的辯解，因為有時越解釋就越亂如麻。

某校某班在一次期中考，數學和英文成績突出，名列前茅。校長在表揚大會上這樣說：

「數學考得好，是老師教得好；英文考得好，是學生基礎好。」

在座老師聽罷沸沸揚揚，都認為校長說法顯得有失公正。一位老師起身反駁：

「同一個班，師生條件基本相同。相同的條件產生了相同的結果，原是很自然的事，不公平的對待，實在令人費解。原有的基礎與爾後的提高，有相互聯繫，不能設想學生某一學科基礎差而能提高得快，也不能設想學生某一學科基礎好而不需要良好的教學就能提高。校長對待老師的辛勞不一視同仁，將不利於團結，不能激勵老師們。」

會場有人輕輕鼓掌，然後是一陣靜默。而靜默似乎比掌聲對校長更有壓力和挑戰意味。

校長沒有惱怒，反而「嘿嘿」地笑起來，他說：

「大家都看到了吧，王老師能言善辯，真是好口才。很好，很好！言者無罪，言者無罪。」

儘管別人猜不透校長說這話的真實意思，然而卻不得不佩服他的應變能力。他為自己鋪了臺階，而且下得又快又好。聽了上述回答後，無人再就此問題對校長跟蹤追擊。

既要撤回，就不宜作任何辯解，辯解無異於作繭自縛，結果無法擺脫。

43 含沙射影

借古諷今，借彼諷此，運用相關的故事回擊不禮貌的攻擊，讓對方有苦說不出。

含沙射影就是預先熟練地掌握一些與本人工作生活有關的語言材料，然後在處於不利境況時，加以靈活地套用，使對方明白是暗指自己，他卻無可奈何。我們先看一則例子：

張老師在一個小鎮的國中任教，兢兢業業，克勤克儉幾十年，依然是家徒四壁，他的幾個搗蛋學生卻先後都成了當地小有名氣的「地方企業家」。一天，幾個同學在一塊商量，想請老師吃頓飯。張老師本來不想去，可耐不住幾個學生的反覆勸說，便答應了他們的誠懇相邀。

宴會那天，張老師穿一身灰白中山裝，一雙黑布鞋，相當樸素。作陪的除他的幾個學生外，還有一群小有地位的鄉鎮代表。席間，學生和那幫鎮代表有說有笑，不時地恭維張老師。張老師本來不善言談，生性木訥，此時更加局促。鄉鎮代表們看張老師土裡土氣的一副鄉巴佬樣，就覺得他軟弱好欺，不時地夾些骨頭給他吃。張老師有氣但不便發作。酒足飯飽，代表們說張老師學問大，想聽聽張老師說說話，逮到機會，於是張老師不急不徐地說了個故事：

「張老先生今年七十有九，中年喪妻，孤身一人，晚景淒涼。三個兒子也已自立門戶，各自為政，對老先生是不管不問，極為不孝，老先生只得滿街乞討。後來地方人士看不過去，找來三個兒子商議，要求三個兒子各養一個月，輪流負責奉養父親，大月小月照輪。於是張老先生結束了流浪生活，先入住了老大家，一轉眼一個月過去了；換老二奉養，又一個月；老三接著奉養，表面上一切平安無事。

然而問題出在三媳婦這裡，三媳婦尖酸苛薄，輪到她是大月時，總覺得吃虧，竟扣押老先生的食物，有時幾天不給老先生飯吃。由於先前協議中規定每月月底給老先生量體重以檢驗哪家不孝。所以每次量體重時，三媳婦就在老先生的衣服裡塞很多骨頭。這一年臘月，偏巧又是歸老三家管飯，到了量體重時，張老先生已經幾天沒吃一頓完整的飯了。三媳婦又在他的棉襖裡塞了很多骨頭。可憐張老先生又餓又冷，在坐上磅秤時終於忍不住大哭：『你這不孝的龜孫子，不給老子飯吃，怎麼老給老子夾骨頭啊！』」

在座的鎮代表們，臉上一陣紅一陣白，卻也無可奈何。

在這裡，張老師運用的就是隨機影射的語言技巧，通過套用關於骨頭的一個故事，不但使自己擺脫了困境，而且有力地反擊了那幫鎮代表的惡意嘲弄，這就是隨機影射的妙處。

含沙射影要求事先有一定的故事材料做準備，但不一定非得生搬硬套，可以巧妙地活用，在臨場即興發揮，例如張老師的故事說不定是臨時編湊的，但由於它扣題準確，抓住「骨頭」二字做文章，仍然有很強的影射作用。因此運用含沙射影技巧時，不要太拘泥於原有的故事情節，可以即興發揮，可以添油加醋，目的只有一個，即突出影射的作用和效果。因此運用時千萬要緊扣主題，使你的故事與你自己所處的困境有一定聯繫，哪怕是一點聯繫，只要是關鍵的都行。總之做到天衣無縫，效果最好。

44 裝蠢裝笨裝糊塗

故作愚蠢化解尷尬需要用高人一籌的智慧作為背景，並輔之以別具一格的自由心態。

有時故作愚蠢可以化解尷尬，為了達到溝通的目的，我們需要有意識地為自己的錯或別人的錯做一些必要的掩飾。這時，故作愚蠢就有了大顯身手的機會。

每個人與一個陌生人第一次交談，雙方都免不了要有短暫的拘謹，甚至尷尬。如果對方在年齡上小於你，社會閱歷少於你，你就有必要幫助他消除這種完全沒有必要的緊張。

另外，人們往往難以處理的還有自己不明白的，或對方突然而來的冒犯言行所造成的尷尬場面。精明人一般會以錯對錯，以幽默化解困窘。

一天，幾位同學一起去探望高中時的老師，多年不見，老師詢問他們每個人的情況。

「見到妳真高興。」老師最後問一位女同學也像前面的同學一樣客氣，「妳丈夫好吧？」

「對不起，老師，我還沒有結婚……」
「噢，明白了，你的丈夫還沒娶你！」

一個很尷尬的局面，經精明的老師這麼一句話，馬上就消失了，同時也保住了女同學的面子，老師第一句話錯在心不在焉說了一句「蠢話」，知道錯後，他急中生智，又說了一句「蠢話」，此時大家知道他是有意為之的，一瞬間便心領神會。

發揮精妙的語言時要仔細考慮環境和對象，如果你對對方還沒有足夠的認識，他對你的尊敬往往還沒有達到可以冒險試一下開玩笑的程度。

這位精明的老師處理十分恰當，因為他了解自己的學生，了解自己所處的環境。

45 蠢言蠢行的意外效果

樂於歡笑是人的一種本能，能給別人歡樂，雖然對方受了些攻擊，但也能接受。一個有情感的人，這時想的不是還擊，而是如何報答你給他的歡樂。

蠢言蠢行之法有時也可帶一定的善意性攻擊，這種攻擊因富於人情味，很容易引起對方的同情心，進而收到意想不到的效果。

戰後的日本，物資短缺，就連買釘子都很難，常需通過一些部門內部有交情，開「後門」才買得到。

有位歐吉桑要蓋房子，急需買幾斤釘子，就到鎮上唯一有賣釘子的那家商店對店員說：「小姐，我要買十斤釘子。」

「沒有。」

歐吉桑又說：「沒有十斤，我就買五斤吧。」

「也沒有。」

「那兩斤呢。」

「連半斤都沒有！」

歐吉桑苦苦哀求道：「小姐，妳無論如何得賣給我一枚釘子。」

店員詫異地問：「你這……真怪，買一枚釘子做什麼？」

歐吉桑說：「用它把你們的『後門』釘住！」

那店員為歐吉桑的精明話所感動，一笑之後，出於同情，賣給他五斤釘子。

買一枚釘子是件蠢事，去釘商店的「後門」也是辦不到的，但它充分表現了老人那種無可奈何的心情，終使對方感到慚愧，產生同情心。語言的效果常是意想不到的，樂於歡笑是人的一種本能，你能給別人歡樂，雖然對方受到了一點攻擊，但也能接受，一個有情感的人，這時想的不是還擊，而是如何報答你給他的歡樂。由於你設想用語言從對方那裡得到什麼，當你得到報答時，就有意外驚喜感，你的情感隨之昇華，你精明的語言也會越來越強。

妻子：「你今天又在外面喝酒了吧？」

丈夫：「沒有啊！」

妻子：「那為什麼衣服上有酒味？」

丈夫：「不可能，我喝酒時一點也沒有灑在衣服上。」

這位丈夫夠誠實的，表面上看他很蠢，說假話且自露馬腳，其實卻很精明，妻子也就一笑了之。

在這裡，故作愚蠢之所以能造就精明，是因為交談雙方都明知其愚，卻只有如此說才有味道，如果不是這樣，而是不知其蠢，那就是真正的笨蛋、傻瓜。

妻子被啼哭不止的孩子纏得束手無策，便苦苦思索讓孩子快點入睡的方法。突然她大聲吩咐丈夫：「快點拿本書來！」

丈夫莫名其妙地問：「拿書做什麼？」妻子說：「我平常看見你說說笑笑時挺有精神，但一捧起書就呵欠連連，很快就睡著了，可見書本能催眠，我想讓孩子也試試。」

妻子的一番蠢言，有兩個目的，一是想擺脫孩子的啼哭帶來的煩惱和無奈，再是批評丈夫看書學習時的不用功態度。很顯然，她的這兩個目的都達到了，同時，這則小故事也告訴我們，明知荒謬而故說，要以一種清醒的認識作背景，以便與所說的意義構成反差，這樣才能耐人尋味。

46 妙尋臺階

見矛頭不對的時候，就趕緊找個臺階吧，高明的臺階不但能扳回顏面，有時還能更一進步贏得敬佩。

妙尋臺階是在處於尷尬情形時，為自己找一個臺階，以便順利地從尷尬中脫身。因為找的「臺階」荒誕不經，或者與當時情形有較大反差，就導致精明語言的產生。

社交中常常充滿各種陷阱，一不小心，就會落入其中，成為別人的笑柄。遇到這種情形，該怎麼辦呢？首先，不能慌張，也不要憤怒，這於事無補，只會更加難堪。充分發揮厚臉皮的特色，調動思維潛在的力量，自己替自己找一個開脫的理由，哪怕是一個同樣足以令人發笑的理由，把自己從狼狽中解脫出來，是你最明智的選擇。找到臺階下，或許人們仍會發笑，但笑的已經不是你先前的狼狽，妙尋臺階的目的不也就是正在於此嗎？

有個縣官，不學無術，還老寫錯字。有一天，他提審三個犯人，第一個叫金止未，第二個叫郁卞丟，第三個叫干斧斧。

縣官升堂坐定，叫人將三個犯人押到堂下，並排站在一起，他裝模作樣地看了看放在桌案上的名單，喊道：「全上來！」

三個犯人一聽「全上來」，便一起走上前去跪下來，縣官本想發怒，覺察到也許是自己讀錯了字，心想：還是先審第二個吧！於是，他點著單子上第二個人名扯高嗓子叫道：「都——下——去！」

三個犯人一聽，莫名其妙地站起身來，退回原地。縣官一見，知道自己又讀錯了，不免心裡有些焦急，如果第三個再念錯，豈不失了縣太爺的身分。於是他瞪大眼睛，對著第三個犯人的名字看了老半天，才敲了一下驚堂木，大聲叫道：「乾爹爹上來！」

犯人嚇得不知所措，在場的衙役誰也不敢指出縣官的錯誤。縣官一看情形，知道又念錯了，靈機一動，對手下說道：「既然乾爹爹不來，還是我自己到後堂去接一下。今天就到這裡——退堂！」

不學無術的縣官，掉進了文字的陷阱，笑話百出，眼看就要顏面掃地，居然急中生智，以到後堂去「接乾爹爹」為藉口，滑稽地結束了失敗的升堂。自己替自己找了一個臺階下，雖令我們忍俊不禁，總算在犯人和衙役面前沒有當場出醜。妙尋臺階的精明處得到了充分的發揮。

妙尋臺階是機智的一種表現。在已經陷入難堪時，還能給自己找一個臺階，並借此從中脫身，你能說出他不機智嗎？雖然機智有一些姍姍來遲，總算也沒有白來。畢竟，它令你最終得以擺脫難堪。

在社交場合中，經常會出現一些出其不意的事情，如果你沒有這方面的應變技巧，就很可能會陷入一種很尷尬的境地。妙尋臺階挺身而出，發揮精明人的功效，及時地救你於泥潭之中，起到了較好的作用。俗話說：「亡羊補牢，猶未晚矣。」妙尋臺階雖然是人已處於尷尬中時，才發揮作用，但最終仍是擺脫尷尬的好方法。處在尷尬中還能尋找臺階，人們也佩服你的精明。

需要注意的是，妙尋臺階的「臺階」要找好，既要能讓自己成功地在「臺階」上下去，又要與當時情形巧妙地形成反差。這樣，才能擺脫尷尬，所以，在處於不利時，給自己找一個臺階下，借機還令人笑上一把。

47 清楚解釋一次到位

含糊其解常常只會帶來更多的疑問，與其「剪不斷，理還亂」，不如一次到位。

在社交場合中，解釋是必不可少的。例如，上班遲到了，需要向主管解釋遲到的原因；有人不同意自己的觀點，需要作理論上的解釋；有人對自己產生誤解了，需要解釋自己的動機和目的等等。那麼，怎樣才能使解釋獲得預期效果呢？這就需要遵循一定的原則，運用一定的語言表達技巧。

(1)實事求是，有理有據

要使解釋獲得預期效果，首先必須遵循實事求是、有理有據的原則。解釋的目的在於解疑釋難，澄清事實，使人信服。為了達到這一目的，解釋就必須實事求是，如實地陳述事情的原委，做到有理有據。當然，有時候由於真實情況難以直言，也可以採用委婉含蓄的主言，說明不便直言的原因，請對方諒解。但是，絕不能編造理由，尋找藉口，強詞奪理。那樣，即使說得天花亂墜，也難以令人置信，但可能還會招致對方的反感與駁斥。總之，要使解釋獲得預期效果，就必須做到實事求是、有條有理，如實向對方講清事情的原委，表明自己的態度。這樣，解釋才能令人信服，才能取得預期效果。

⑵表達清晰，條理分明

如前所述，解釋是解疑釋難，澄清事實，使人信服。既然如此，那麼，表述就必須清楚明白，否則，不僅達不到預期目的，甚至還會產生新的誤解。

那麼，解釋時怎樣才能做到清楚明白呢？關鍵在於做到條理分明，尤其是解釋錯綜複雜的情況時，要把它說得有條不紊。具體說來，在解釋前，要考慮到語句的順序，先說什麼，後說什麼，要做到心中有數，不能興之所至，隨口道來，以防止解釋後更加糊塗的情形出現。一般來說，事情總有個起因、發展和結果這樣的過程。在解釋時，就可以按照這個過程的先後順序進行。在詞語句式的選擇方面，解釋中應盡量少用「也許」、「大概」、「可能」之類的模糊詞語，少用同音詞；同時，句子要多用完全句，不要隨意省略成分，否則，就可能出現越解釋越糊塗的問題。在言語的表述方面，也要講究技巧，比如，有些事情，如果直言解釋，可能會傷人情面，影響關係，那就應該採用委婉含蓄的表述方式，使之容易為對方所接受。不過，雖然表述方式是委婉含蓄的，但表意一定要清楚明白，否則容易產生負面效果。此外，在表述時，採用「同義替換法」，即同一個意思換一種說法，效果也是很好的。總之，既要表述清晰，又要言語委婉，這也是解釋時必須遵循的一條重要原則。

⑶語態謙恭，語氣和緩

古人云：「感人心者，莫先乎情。」解釋時應使雙方的情感融洽，雙方情感越融洽，解釋的話就越入耳扎心，就越能使人信服。所以，解釋所必須遵循的又一條原則，就是語態謙恭。所謂語態謙恭，就是在解釋時，要特別注意語言的感情功能，用情感感染對方，達到情感融洽，使對方相信自己的解釋。

要做到語態謙恭，可先做心理溝通，在解釋時，如果能夠站在對方的立場上，從對方的利益出發，那麼對方就會把你當成「自己人」，從而相信並接受你的解釋。一旦對方把你當成了「自己人」，就表示雙方情感已經融洽，心理已經溝通，解釋工作就好做了。其次，語氣要和緩，在解釋時，既不能使用質問的語氣，更不能使用輕視或嘲弄的語氣，應採用和緩的、商量的語氣。要知道，語氣如何，直接關係到解釋工作的成效，因此必須加以注意。

48 坦率道歉

說錯話是難免的，說錯了，不要光是自己一個人後悔，重要的是改變局面，使說錯話造成的不良後果降到最低點。

被譽為「小旋風」的流行歌手林志穎，一次有人問及他對「四大天王」的看法和對郭富城的印象，林志穎故作詼諧道：

「四大天王我不知道，郭富城嘛，他是我爸爸吧？」

一語既出，舉座譁然，人們紛紛指責他不知天高地厚。後來，為補救失誤，重塑自我形象，在接受採訪時，他坦然表示：

「說那樣的話我深感遺憾，我願公開向郭富城道歉。」

至此，那場所謂「林氏名言」的風波才算平息下去。它說明，對待說錯話，有時公開道歉比猶抱琵琶半遮面的掩飾來得高明。

必須指出，「坦率」的目的僅在於把問題講清楚，這不等於「直率」，解釋也必須講究策略。做錯事情之後，大多數人都會自我羞辱一陣，然後去向人低聲道歉，接著便灰溜溜地離開。

但許多情況下，僅靠一句「對不起」是不足以獲得諒解的。某次張博哲在與同事閒談時稱其上司是「機器人」，後來被上司知悉。於是張博哲寫了一張字條上司，約他抽空談一談，上司同意了。

「顯而易見，我用的那個詞絕無其他用意，我現在倍感悔恨。」張博哲向上司解釋說，「我之所以用『機器人』之類的字眼，只不過是想開個玩笑，我感到上司對我們有些疏遠、麻木。因此，『機器人』三字只不過是描述我這種感情的一種簡短方式。」上司為張博哲合情合理的解釋和自我批評而深受感動，他甚至當即表態，說要努力成為善解人意、通情達理的人。

把問題講清楚，透過這種方式，張博哲幫助上司做到了平心靜氣，並順利地解決了他們之間的感情危機。

誠然，推卸責任是我們找藉口辯解的一種方式，然而，問題不在於我們要找藉口辯解，而在於我們辯解時不能太直率、太尖銳。

49 將錯就錯

人有失足，馬有失蹄。失足了可以再站起來，失蹄了可以重新振作，而人失言了可以用妙語去彌補。

作為空姐，茱蒂接受了嚴格的語言訓練。儘管這樣，有時還是不免失言。

在某次航線上，她和往常一樣本著顧客至上的服務精神，熱情地詢問一對年輕的外籍夫婦，是否需要為他們的嬰兒準備早餐。那位男旅客出人意料地用國語答道：「不用了，孩子吃的是母奶。」

沒有仔細聽這位先生的後半句話，為進一步表示誠意，茱蒂毫不猶豫地說：「那麼，如果您孩子需要用餐，請隨時通知我。」

他先是一愣，隨即大笑起來。茱蒂這才如夢初醒，羞紅了臉，為自己的失言窘得不知如何是好。

「人有失足，馬有漏蹄」。在人們的社交過程中，無論凡人名人，都免不了發生言語失誤。雖然其中原因有別，但它造成的後果卻是相似的，或貽笑大方，或糾紛四起，有時甚至不堪收拾。

那麼，能不能採取一定的補救措施或者矯正之術，去避免口誤帶來的難堪局面呢？答案是肯定的，比如用「及時改口」的方式。以下舉兩個例子對照：

歷史上和現實中許多能言善道的名人，在失言時仍死守自己的城堡，因而慘敗的情形不乏其例。比如一九七六年十月六日，在美國福特總統和卡特共同參加的，為總統選舉而舉辦的第二次辯論會上，福特對《紐約日報》記者馬克斯・佛朗肯關於波蘭問題的質問，作了「波蘭並未受蘇聯控制」的回答，並說「蘇聯強權控制東歐的事實並不存在」。這一發言在辯論會上屬明顯的失誤，當時遭到記者立即反駁。反駁之初佛朗肯的語氣還比較委婉，意圖給福特以改正的機會，他說：「問這一件事我覺得不好意思，但是難道您能肯定蘇聯沒有把東歐化為其附庸國？也就是說，蘇聯沒有憑軍事力量壓制東歐各國？」

福特如果當時明智，就應該承認自己失言並偃旗息鼓，然而他覺得身為一國總統，面對著全國的電視觀眾認輸，絕非善策，於是繼續堅持，一錯再錯，結果為那次即將到手的選舉付出了沉重的代價。刊登這次電視辯論會的所有專欄、社論都紛紛對福特的失策作了報導，他們驚問：

「他是真正的傻瓜呢？還是像頭驢子一樣的頑固不化？」

卡特也乘機把這個話題再三提出，鬧得天翻地覆。

高明的論辯家在被對方擊中要害時絕不強詞奪理，他們或點頭微笑，或輕輕鼓掌。如此一來，觀眾或聽眾弄不清葫蘆裡藏的什麼藥。有的從某方面理解，認為這是他們服從真理的良好風範；有的從另一方面理解，又以為這是他們的豁達胸懷。而究竟他們認輸與否尚是個未知的謎。這樣的辯論家即使要說也能說得很巧，他們會向對方笑道：「你講得好極了！」

相比之下，雷根就表現得高明許多。

一次，美國總統雷根訪問巴西，由於旅途疲乏年歲又大，在歡迎宴會上，他脫口說道：

「各位女士，各位先生！今天，能訪問玻利維亞令我感到非常高興。」

有人低聲提醒他說溜了嘴，雷根忙改口道：

「很抱歉，我們不久前訪問過玻利維亞。」

儘管他並未去玻國，當那些不明就裡的人還來不及反應時，他的口誤已經淹沒在後來滔滔的大論之中了。這種將說錯的地點時間加以掩飾的方法，在一定程度上避免了當面丟醜，不失為補救的有效手段。只是，這裡需要的是發現及時、改口巧妙的語言技巧，否則要想化解難堪也是困難的。

在實踐中，遇到這種情況下，有三個補救辦法可供參考：

⑴移植法：就是把錯話移植到他人頭上。如說：「這是某些人的觀點，我認為正確的說法應該是……」，這就把自己已出口的某句錯誤糾正過來了。對方雖有某種感覺，但是無法認定是你說錯了。

⑵引申法：迅速將錯誤言詞引開，避免在錯中糾纏。就是接著那句話之後說：「然而正確說法應是……」或者說：「我剛才那句話還應作如下補充……」。這樣就可將錯話抹掉。

⑶改義法：巧改錯誤的意義。當意識到自己講了錯話時，乾脆重複肯定，將錯就錯，然後巧妙地改變錯話的含義，將明顯的錯誤變成正確的說法。

50 自我解嘲

說話，是最容易的事，也是最難的事。容易，是因為每個人都會說話，難是因為不是每個人都能說出好話以達到目的。

一九一五年，邱吉爾還是英國的海軍大臣，一天心血來潮，突然想學開飛機。於是，他命令海軍航空兵的特級飛行員教他開飛機，軍官們只好從命。

邱吉爾還真有股韌勁，刻苦用功，拼命學習，投入全部的公餘時間，負責訓練他的軍官都快累壞了。邱吉爾雖稱得上是傑出的政治家，但操縱戰鬥機跟政治是沒什麼必然聯繫的。也可能是隔行如隔山吧，總之，邱吉爾雖然刻苦用功，但就是對那麼多的儀錶弄不明白。

有一次，在飛行途中，天氣突然變壞，一段十六英哩的航程竟然花了三個小時才抵達目的地。

著陸後，邱吉爾剛從機艙裡跳出來，那架飛機竟然再次騰空，一頭撞到海裡去了。旁邊的軍官們都嚇得怔在那裡，一動不動。

原來，匆忙之中的邱吉爾忘了操作規程，在慌亂之中又把引擎發動起來了，望著眼前這一切，邱吉爾也不知所措，好在，他並沒有驚慌，裝作茫然不知似的，自我解嘲道：「怎麼搞的，這架飛機這麼不夠意思。剛剛離開我，就又急著去和大海約會了。」

一句話，緩解了緊張的氣氛，也讓邱吉爾擺脫了尷尬。

在有些尷尬的場合，運用自嘲能使自尊心通過自我排解的方式受到保護。而且還能體現出說話者寬廣大度的胸懷。

邱吉爾有個習慣，一天之中無論什麼時候只要一停止工作，就爬進熱氣騰騰的浴缸中去泡泡澡，然後就光著身子在浴室裡來回地踱步，一邊思考問題，一邊讓身體放鬆放鬆，有時甚至會入神。

有一次，邱吉爾率領英國代表團到美國去進行國事訪問，他們受到熱情款待。為了方便兩國領導人的交流、溝通，接待的單位安排讓邱吉爾下榻在白宮，與美國總統羅斯福離得很近。

一天，邱吉爾又像往常一樣泡在浴缸裡，爾後光著身子在浴室裡踱步。當時，世界反法西斯戰爭進行得如火如荼。邱吉爾在思考著戰場上的形勢，以及如何同美國聯手對付德國法西斯。想著、想著，忘了自己在什麼地方，忘了自己光著身子。

碰巧，這時羅斯福有事來找邱吉爾，發現屋裡沒人。羅斯福剛欲轉身離去，聽見浴室裡有水響，便走過來敲浴室的門。

邱吉爾正在聚精會神地考慮問題，聽見有人敲門，本能地說了一句：「進來吧，進來吧。」

門打開了，美國總統羅斯福出現在門口。羅斯福看到邱吉爾一絲不掛，十分的尷尬，進也不是，退也不是，索性一言不發地站在門口。

此時，邱吉爾也清醒了。他看了看自己，又看了看羅斯福，急中生智地說道：「進來吧！總統先生。大不列顛的首相是沒有什麼東西可對美國的總統隱瞞的！」

說罷，這兩位世界知名人物都不約而同地哈哈大笑。

另外再說個故事，愛因斯坦是舉世聞名的科學家，但他從不注重自己的著裝。一次，愛因斯坦第一次來到紐約。不料，在大街上還真遇到了一位老朋友。這位朋友見愛因斯坦衣服破舊，便說：

「你看你的大衣，又破又舊，換件新的吧。怎麼說你也是知名人物呀！」

愛因斯坦笑了笑：

「沒關係，沒關係。我剛來到紐約，這兒沒有人認識我。」

幾年後，愛因斯坦和他的相對論都已名聲大震。巧的是，愛因斯坦又和他的那位朋友在街上相遇了，更巧的是，愛因斯坦還是穿著那件「又髒又破」的大衣。這一次，愛因斯坦不等朋友開口，便解嘲道：「這次更不用買新大衣了，全紐約的人都已經認識我了。」

尷尬場合，運用自嘲可以平添許多風采。當然，自嘲要避免採取玩世不恭的態度。具有積極因素的自嘲包含著自嘲者強烈的自尊、自愛。自嘲實質上是當事人採取的一種貌似消極，實為積極的促使交談向好的方向轉化的手段而已。

此外，運用自嘲還要審時度勢，相機而用，比如對話答辯、座談討論、調查訪問等就不宜使用。

51 互不得罪的勸架要點

兩個吵架的人猶如兩隻瘋牛，而勸架者就要擔起鬥牛士的責任，把兩者都制服。

人們在生活、工作中難免會發生這樣那樣的矛盾。夫妻子女、親朋好友、左鄰右舍……都會有些矛盾。有時還因矛盾激化而吵架。這時就很需要旁人及時勸架。面對那些憤激一時的吵架者，勸架是很要講究點口才藝術的。

一般說來，精明勸架的口才技巧有五個要點：

(1)了解情況

盲目勸架，講不到重點，非但無效，有時還會引起當事人的反感：「不了解情況，瞎說什麼？」而弄清情況再講話，效果就較好。假如對鄰居、同事中原因複雜的爭吵，更要從正面、側面盡可能詳盡地把情況摸清，力求把話講到當事人的心坎上。解繩結要看清繩結的形狀，解除心上的疙瘩，更要把疙瘩看透。

(2)分清主次

矛盾有主次方面，吵架的雙方有主次之分。勸架不能平均使用力量，對措辭激烈、吵得過分的一方重點做工作，就比較容易平息糾紛。如果不分主次，平均使用力量，效果肯定不佳。

(3)批評婉轉

人在吵架時心中有火氣，嘴上沒好話，耳中聽不進勸告。因此，勸架時不要糾纏於吵架人的某些過激言詞，要多用委婉語，注意不要觸及當事人的忌諱。一般情況下，盡量不用激烈尖銳的語句，力避火上添油，而要用好言好語「降溫」。當然，在某些特殊情況下，如吵架的雙方矛盾白熾化，甚至拿刀使棍動起武來時，就要用高聲斷喝，使當事人清醒，阻止他下手。如大喊：「不准打人！有話好好講！」、「把棍子放下！」、「誰敢動刀，我就報警！」

(4)語言風趣幽默

吵架時，雙方臉紅脖子粗，氣氛緊張。這時，用一兩句風趣幽默的話，就像薄荷油、潤滑劑，可以「降溫」、「放鬆」，緩和緊張氣氛，吵架人想發火也發不起來了。

(5)客觀公正

勸架要分清是非，十分公正，做到分析得中肯，批評的合理，勸說的適當。不能不分青紅皂白，不分是非各打五十大板。應該實事求是，恰如其分，既要弄清是非，又要團結伙伴。勸架者若能端平一碗水，不偏袒一方，吵架者自然會信服的。

第 四 章

朋友互動

52 話要說對時機

多說話，別人未必當你是能幹，少說話，也未必當你是呆子。關鍵是看準菩薩燒好香，看準對象說好話。

同樣一句話，你對甲說，甲肯全神貫注的聽，你對乙說，乙卻顧左右而言他。這時候對甲說，甲樂於接受，另一個時候對甲說，甲覺得不耐煩。這除了表示甲乙兩個人的生活環境不同，也表示甲前後的心情不一樣。

當年趙高要陷害李斯，對李斯說秦二世的行為不對，勸李斯進諫，並約定秦二世有閒的時候，代為通知李斯。有一天李斯應約進宮，二世正與姬妾玩樂，看見李斯進來。心中很不高興，而李斯卻茫然無所知，正言進諫，二世只好當場敷衍一下。等李斯一退出，二世便開始發牢騷，說丞相瞧不起他，什麼時候不好說，偏在這個時候來囉嗦。

李斯的殺身之禍也就是因為如此。可見要說話，還該注意什麼時候最適宜。對方正在工作忙碌的時候，不要去說話；對方正在焦急的時候，不要去說話；對方盛怒的時候，不要去說話；對方放浪形骸的時候，也不要去說話；對方悲傷的時候，更不要去說話。只要有上述幾種情形之一，你去說話，一定會碰一鼻子灰，不但說話的目的達不到，而遭冷落，受埋怨也是意料中的事。

有得意的事，就該與得意的人談，你有失意的事，應該和失意的人談。和失意的人談你得意的事，你不但不知趣，簡直是挖苦、譏諷他，他對你的感情，只會更壞，不會變好的。和得意的人談失意的事，他至多與你作表面的應付，絕不會有真實的同情。有時還可能引起誤會，以為你是要請他幫助，他會預先防備，使你無法久談。所以你要訴苦，應找同情形的人去訴，同病自會相憐，不但能得到精神上的安慰，亦可稍敘胸中不平之氣。你要談得意事，應該向得意的人去談，志同道合。年輕人涵養功夫不夠，稍有得意的事，便逢人就說且自鳴得意，結果招人罵你器小易盈，笑你沾沾自喜，無意中還會惹起別人的妒忌。偶有不如意使你覺得滿腹牢騷，如有骨鯁在喉，不免逢人就訴，結果惹人討厭，說你毫無耐性，甚至笑你活該。

總而言之，要說話，先看準對象，他是願意和你說話的人嗎？如果所遇非人，還是不說為好；這個時候，你是要說話的時候嗎？如果時候不對，還是不說話的好，說話的成功與失敗，誠然與你的說話技術有關，而是否得其人得其時，也與你說話的成敗有很大的關係。

53 說中聽的話

說話是溝通彼此感情的最好工具，往往一句話，就能引起對方許多遐想，所以要少碰一般人敏感的話題，當對方言語尖酸刻薄時，不妨充耳不聞，不必非反擊不可。

說話是溝通感情的最好工具，擅長與熟人講話，不算本領；能與陌生人講話，說得傾心如故，相見恨晚，才是真本領。說話實在是一種做人之道，古人所謂：「片言之誤，可以啟萬口之譏。」而一般初入世的後生，說話宜少不宜多，宜小心不宜大意，要說話以前，先得想一想，替聽的人考慮一下，對方願意聽的話，才出口談之，對方沒興趣聽的話，還是不說為妙。

所謂沒興趣聽的話有幾種：老生常談，不值得聽；一說再說，且熟能詳，不必再聽；與心境相反，聽不進去；與主張相反，不想聽；與他無關，沒什麼好聽；利害衝突，聽不下去；程度不同，聽不懂；傷心的事，聽了難過；隱私，不能去聽；然而人們最不願聽，該算是尖酸刻薄的話了。

說話所引起的反應，可能有以下幾種：第一種是甜蜜之味；第二種是辛辣之味；第三種是爽脆之味；第四種是新奇之味；第五種是苦澀之味；第六種是寒酸之味；而最壞的反應，則是創痛之味。淡言微語，令人回味，對方自會發生好感；熱情洋溢，句句打入心坎，對方自然會產生甜蜜的反應；激昂慷慨，言人所不敢言，對方自會發生辛辣的反應；知無不言，言無不盡，對方自會以生爽脆的反應；「以反人為實」，「好為無端涯之言」，對方自會發生新奇反應；陳義晦澀，言辭拙訥，對方自會發生苦澀反應；一味訴苦，到處乞憐，對方自會發生寒酸反應；好放冷箭，傷人為快，傷人越甚，越以為快，對方自會發生創痛的反應；能得甜蜜反應者為上，能得爽脆反應者為次，能得辛辣反應者更次，得到新奇的反應，苦澀的反應，寒酸的反應的話都是不等，而得到創痛反應的話，就更是大違人情了。

但是說尖刻話的人，未嘗不知其言傷人，而以傷人為快，這是什麼道理？這完全是心理的病態，而心理之所以有此病態，也自有根源。

第一，有些小聰明，且頗以聰明自負，而大家卻不承認他的聰明，因此常有生不逢時之感；第二，有強烈的自尊心，希望大家尊重他，偏偏事與願違，因此對所有人都有仇視的心理；第三，仇視的心理，累積很久，始終找不到消解的機會，於是這種仇視心理只有找到發洩之途，誰是他仇恨的對象？因為刺激的方面太多，早已成為極複雜的觀念，複雜簡單化，每個所接觸的人，都成為發洩的對象。他認為人們都是可惡的，不問有無舊恨，有無新仇，都要伺機而動濫放冷箭。

你如果已犯了這個病，先得明白這種病的危險，不去醫治，結果必是眾叛親離，不要說在社會上，只有失敗不會成功，即使在家庭，親如父兄妻子，也無法水乳交融。不過父兄妻子，關係太密切，在無可原諒之中，仍會與之原諒。社會上的人，就絕不會對你這麼寬厚必然以眼還眼，以牙還牙，總有一天，你會成為大眾的箭靶。所以說話尖刻，足以傷人情，傷人情最後的結果，卻是傷了自己！

54 用誇獎激勵人心

誇獎一個人比批評一個人更容易被對方接受。

在談誇獎之前，讓我們先從批評說起。人類處世的天性，做錯事的只會責備別人而絕不責備自己，即使良心發現，也會盡力掩蓋。這時候，你突然脫口而出批評指責之言，揭發他的錯，那個我們要矯正及譴責的人，每每要為他自己辯護，而反過來譴責我們。即使是我們出於關心愛護朋友之心，批評朋友，除非識人知性，否則不如不說。林肯應付人很成功，他最喜歡的格言是：「不要評議人，免得為人所評議」。林肯不輕易批評別人，即使他有批評別人的充分理由。

批評有時是無用的，因為它使人取奪勢，並常使他竭力為自己辨護，反唇回擊批評者的弱點。有句古話說：「各人自掃門前雪，莫管他人瓦上霜。」適當地借用過來，說明人在批評別人的時候要慎重，自己是不完善的，應從嚴於律己做起，勿咄咄逼人，挑人家的刺。批評是會傷害一個人的寶貴的自尊心，傷害他的情感，並且使他灰心，必然激起他的反抗。

如果你要讓別人做你想要他做的事，那麼請「誠於嘉獎，寬以稱道」。因為人人喜歡恭維，不喜歡指責。「人性中至深的本質就是渴求被人所重視。」人們對自重感的渴求遠勝於食物和金錢。誰偶有能力滿足這種內心饑餓的人的需要，誰就可以將他握在掌心，任你驅使。尋求自重感的欲望是人與動物的主要區別，如果我們的祖先沒有這種自重感的衝動，早就不存在文化了。假如沒有自重感的渴求，歷史上就不會出現那麼偉大的或顯赫的人物。這個欲望激勵林肯研讀法律，當上美國總統；這個欲望激勵狄更斯寫出他不朽的小說；也是這個欲望使洛克菲勒賺到了他一輩子也花不完的錢。

自重感激勵許多人成名，而名人仍為自重感掙扎著。歷史上布滿了這樣的有趣的例證：華盛頓更願意被稱為「至高無上的美國總統」；哥倫布請求得到「海洋大將印度總督」的頭銜；加撒林拒絕拆閱沒有稱她「女皇陛下」的信件。還有甚者以癲狂為樂，他們在他們自創的夢境中，找到了他們深切嚮往的自重感，這是個極端的現象。對於以上種種現象，試想，在人還未達癲狂之前給他真誠的讚許和鼓勵，你我將成就什麼奇蹟呢？

在卡內基「成功之路」的書中推崇過兩個人：斯瓦伯和愛默遜。這兩人都善於讚許和鼓勵別人。斯瓦伯在鋼鐵製造業取得成功，他說：「世界上最易抹殺一個人志向的，就是上司的批評。我向來不批評任何人，我急於稱讚，遲於找錯。在我一生的廣泛交往中，還沒找到一個人，無論如何偉大，地位如何高，在被讚許的情況下，不比在被批評的情況下做得更好、更努力的。」如果你想教育一個孩子，那麼就稱他是「自立的男子漢」，在他拒絕吃早點時，鼓勵他自己動手做早飯，包準讓他吃得津津樂道。

愛默遜說：「凡我所遇見的人，都在若干地方勝過我。在那若干地方，我跟他學。」這正應了孔子的一句古語：「三人行，必有我師焉。」看一個人，要「橫看成嶺側成峰」，不要單從一個方面去評價或抓住一點不放，這樣我們會從每個人身上發現優點或值得學習的東西。我們對這些優點予以真誠的讚許和稱道，以使我們的讚賞與諂媚截然分別開來。

分一點兒心思來研究別人的優點，給他人以真誠的讚賞，給他人以自重感，自己也會收到同樣的報答。「誠於嘉許，寬於稱道」，如此一來，人們會珍藏你的話。

55 拐個彎兒稱讚

真正的讚美不僅是掛在嘴上很好聽，更是對心靈恰當的撫慰。

說實在的，當我們在讚揚一個人的時候，最擔心的是對方內心裡的不自在，如果漫不經心的去稱讚人，很可能招來「哼！這個馬屁精」之災。

假如身邊再有他人在的話，就更叫人感覺到難為情了，實在不敢大大方方的去稱讚一個人。

然而話又說回來了，讚美是件對的事，逢到必要的場合，是應該大聲而堂堂正正的去讚揚對方的成就、長處以及善行的。

只是不宜盲目的去讚揚人，不然，就會像一個十足的馬屁精了。要讚揚一個人時，必須一本正經，打從心裡頭，抱持著信念的形態去讚揚。

當你親切的為別人做了一些事，而對他說「這件小事不值得掛齒」時，乍聽之下，似乎是表示你的謙虛，然而進一步分析的話，可說是一種不遜之語。還是堂堂正正的接受對方的謝意，比較富有人情味。

英語有一句「謝謝您，對我說謝謝。」（Thank you for thanking me.）這一句包含有「你高興我為你做事，我也感覺到高興」之意。因此，大家可以多利用。

當別人對你說謝謝，而你繃著一張臉時，勢將給予對方「這樣已經行了吧！」的印象，而使受惠者看到了你人格的局限。

如果你對別人施惠，而對方向你道謝的話，你不妨巧妙的如此回答：

「那麼——今後你可以多多的依賴我。」這麼一說，不但能夠表示出你的寬懷大量，而且，你也會感覺到非常的愉快。

對方無論是男性、女性、前輩或者是同事、甚至後輩，最上乘的誇獎法為——「我知道誇獎對你不會發生作用。可是……」

不只是誇獎，「不經意」也可用於很多地方。有位男士請一位小姐到高級餐廳去吃飯。但這位小姐卻不小心在樓梯上摔倒，掉了一隻鞋子，裙子也被鉤破了。

對自己的大意她感到愧不可當，立刻臉色蒼白的垂頭喪氣。但是當她回過頭來時，卻看到他褲子的拉鏈沒拉上。她立刻脹紅了臉——當然這是他親切的一面，在她不注意的一兩秒內故意也使自己難堪，讓她不致於下不了臺。

56 適度恭維

誠心的恭維、討好是人際互動的潤滑劑，是表達敬愛與善意的必要方式。

恭維，固然與巴結討好、阿諛奉承有某種相似之處，但是，正常恭維，對於協調人際關係，表達對別人的尊重，增進了解和友誼，卻具有相當大的作用。

那麼，怎樣恭維人家呢？這裡面也有很多的學問。具體說來，恭維別人時，應注意以下幾點：

(1)因人而異

恭維要根據不同人的年齡、性別、職業、社會地位、人生閱歷和性格特徵進行。比如男人就不宜過多地恭維女人的容貌。對年輕人恭維他的創造才能和開拓精神，對老年人恭維他身體健康、見識廣闊就比較合適。對教齡長的老師可恭維他桃李滿天下，對新老師這樣恭維則不適當。

(2)選擇適當的話題

恭維本身並不是交往的目的，而是為雙方進一步交往創造一種融洽的氣氛。比如看到電視機、冰箱先問問其性能如何，看到牆上的字畫就談談字畫的欣賞知識，然後再借題發揮地讚美主人的工作能力和知識閱歷，從而找到雙方的共同語言。千萬不要用挑剔的口吻，即使看到某些不足，也不必過於認真，以免使對方情緒不快。

(3)語意懇切

在恭維的同時，明確地說出自己的願望或者有意識地說出一些具體細節，都能讓人感到你的真誠，而不至以為是過分的溢美之辭。如你恭維別人的髮型，可問及是哪家髮廊設計的，或說明你也很想換成這樣髮型。美國前總統羅斯福在讚揚張伯倫時說：「我真感謝你花在製造這輛汽車上的時間和精力，造得太棒了。」他還注意到了張伯倫費過心思的一切細節，特意把各種零件指給旁人看。這就大大增強了恭維的誠意。

⑷注意場合

於有多人在場的情況下，恭維其中某一人必然也會引起其他人的心理反應。比如你恭維某次考試成績好的人，那麼在場的參加同次考試成績較差的人就會感到受奚落、被挖苦。這時你就要尋找某些因素，如有人復習時間太短，有人出差回來倉促上陣等等客觀原因，來照顧他們的面子。

⑸措詞精當

在現實生活中往往會出現這樣的事：說話者是好心，而聽話者卻當成惡意，結果弄得不歡而散。因而恭維的語意要明確，避免聽話者多心。

⑹掌握分寸

不合乎實際的評價其實是一種諷刺，違心地迎合、奉承和討好也有損自己的人格。適度得體的恭維應建立在理解他人，鼓勵他人，滿足他人的正常需要及為人際交往創造一種和諧友好氣氛的基礎上，那種帶著不可告人的目的曲意迎合是我們所不齒的。

57 插嘴很不禮貌

打斷他人的言談，不僅是不禮貌的事，而且事情也不易談成。

許多人過分相信自己的理解和判斷能力，往往不等別人把話問完，就中途插嘴，因此常發生誤會。這種急躁的態度，很容易造成損失，不只常會弄錯問話意圖，中途打斷對方，也有失禮貌。

當然，在別人說話時一言不發也不好，對方說到關鍵精采的時刻，語畢，你只看著對方沒有回應，對方一定會感到尷尬，以為沒有說清楚而繼續說下去。

有些人在別人說話時，唯唯諾諾，彷彿都聽進去了，等到別人話說完，卻又問道：「很抱歉，剛才你說些什麼？」對他來說，也許只是一時心不在焉，漏聽了重點，對說話的人卻是件很失禮的事。

傾聽對方說話的神情也很重要，聽別人說話時，眼睛卻望著地下，或嘴巴微張著發呆，甚至重複發問好幾次，都會給人留下不好的印象。

人們常會輕率地問：「剛才這個問題的意思，能解釋一下嗎？」或者不經大腦就說：「我不太了解剛才這個問題的意思。」這些話都不算得體，你不妨這樣表示：「據我聽到的，你的意思是否這樣呢？」

即使真的沒聽懂，或聽漏了一兩句，也千萬別在對方話說一半時突然提出問題，等到他把話說完，再提出：「很抱歉！剛才中間有一兩句你說的是……嗎？」如果你是在對方談話中間打斷，問：「等等，剛才這句話你能不能再重複一遍？」這樣，會使對方有一種受到命令或指示的感覺。

俗話說：「聽人講話，務必有始有終。」但是能做到這一點的人卻不多。有些人往往因為疑惑對方所講的內容，便脫口而出：「這話不太好吧！」或因不滿意對方的意見而提出自己的見解，甚至當對方有些停頓時，便搶著說：「你要說的是不是這樣……」由於你的插話，很可能打斷了他的思路，要講些什麼他反而忘了。

中間打斷對方的話題是沒有禮貌的行為，有時會產生不必要的誤會，說不定對方會想：「那麼你來講好了。」

在喜宴、同學會上，有時會看到好久不見的朋友正和另外一個不認識的人聊得起勁，此時，便想加入他們，和朋友敘敘舊，也聽聽他們到底在講些什麼。

但是，一方面不知道他們的話題是什麼，冒然地加入會令他們覺得不自然，也許因此而使話題接不下去，到後來場面氣氛轉為尷尬，而無法收拾。此時，大家一定會覺得你很沒禮貌。

如果碰到這種情況，最好等他們說完再過去找朋友，即使真有事必須當時告訴他，給一些小動作暗示，他自然會找機會過來你這邊。

有一點要注意，不要靜悄悄地站在他們身旁，好像在偷聽一樣，盡可能找個適當機會，禮貌地說：「對不起，我可以加入你們嗎？」或者，大方地、客氣地打招呼，請朋友介紹一下，就能很自然打破這個情況。千萬不要打斷他們的話題，也不要製造尷尬的氣氛。

58 白色的謊言

生活中，必然會有許許多多、為了善意的謊言，這不是有意去傷害別人，是迫不得已。

人生離不開謊言，因為社會進入文明化的運行機制後，謊言不以人的意志為轉移，自然而然也就產生了。生活中，在有些情況下，你不能不說謊；在一些非常時候，甚至只能說謊，才能夠使事情更為完滿。

《最後一片葉子》是美國作家歐・亨利的一篇短篇小說，它的故事是這樣的：

在某醫院的一間病房裡，身患重病的病人房間窗外有一棵樹，樹葉被秋風一刮，一片一片地掉落下來，病人望著落葉蕭蕭、淒風苦雨，身體也隨之每況愈下，一天不如一天。她心想：「當樹葉全部掉落時，我也就要死了。」一位老畫家得知後，被這種悲泣深深打動了，他畫了一片樹葉裝上樹枝，秋去冬來，冬去春來，那片葉子儘管搖搖晃晃卻不掉落，那位瀕臨死亡的女病人靠著與那片葉子並肩奮戰的動力，最終堅強地活了下來。

作為小說，這可能有點誇張，但現實生活中，類似於這樣的事例是不少的。這種謊言，就是生活中必要的，沒有這個謊言，那位女病人必然會意志消沉而死去，要救活她，只能製造謊言。在醫療上，這種謊言是最多的。

作為醫生，對患者故意說謊，有時就是職業道德的一部分。比如對一個已確定為肝癌末期的病人，醫生就不能將真相告訴病人。「什麼病？」「肝炎，有些嚴重。不過，配合治療很快會好的。」這就是在撒謊，但這種謊言是必要的。

有的病人雖然患的不是末期肝癌，是其他危及生命的病，但醫生同樣也不能對病人說：「你根本沒有希望了，就等著死吧！」這樣的一句真話，還沒一萬句謊言來的必要。

同樣，作為病人親友的人，在去探望病人時，即使知道他活不了幾天了，但也要與醫生配合，把謊撒下去，讓病人滿懷信心地接受治療。因為生命本身有時會創造奇蹟的，誰也不能說絕對。即使沒有奇蹟出現，讓病人充滿希望地多活兩天也是一種人道精神的表現。這個時候，不撒謊，還能怎麼辦？

還有一類謊言是社會禮儀中必須說的奉承話，這些話裡大都是誇張的空話連篇，聽著那些千篇一律的空話套話，雖然心裡並不一定十分愉快，但人類如果缺少這些空話與謊話，禮儀就無法成立了。

生活本身常常是平淡無奇的，天上掉禮物的事總是少的，而災難的厄運倒是常常不知不覺地走過來。人類本身的天性全是嚮往美好的、喜歡富有刺激、帶有浪漫色彩的生活。如果我們什麼事情都從實道來，世界上有些事也許就成為沒有意思的事了。所以，不少人愛聽謊言勝過愛聽真理。

禮貌語言和奉承話給人們的幻想與虛榮心帶來極大的滿足，使人從困境與艱難中擺脫出來。它讓人覺得自己在別人的生活中是受到尊重與重視的，因此它在生活中也是必不可少的，所以盧梭在《懺悔錄》中說：「我從沒有說謊的興趣，可是，我常常不得不羞愧地說些謊話，以便使自己從不同的困境中解脫出來。有時為了維持交談，我遲鈍的思維、乾枯的話題迫使我虛構以便有話可說。」

林語堂先生也曾說過：「什麼是中國人的教養？我一直苦苦思索，由是發現了以下三點：一、說謊……；二、具有像紳士那樣說謊的能力；三、以幽默感理解自己心境的乾淨，並且對地球上的任何事物都不過於熱衷。」

人，總是要面對生活的。生活中，真實是重要的，真誠更加重要，這對人生、對社會無疑是有更大價值的。然而，我們所處的社會是紛繁複雜的，大家都是凡人，都期望能出人頭地，每個人心中都有這樣或那樣的欲望和念頭，不加選擇、不分對象、不分場合把什麼都和盤托出，那在社會上有可能一天也混不下去。

59 注意舉止上的小細節

不要以為不拘小節是種大方、無傷大雅，真正氣宇軒昂、雍容大度者，正是講究個人舉止姿態的每個細節，所散發出的修養氣質。

不拘小節常被人看做是大度瀟灑的表現；但你知道嗎？大事全部是由不起眼的小事組成的，唯有把每件小事做好，才有可能做成大事業。更何況，許多生活社交上的所謂小事也許不會給你帶來明顯的財富收入，但卻是一個人修養素質的全部表現，是一個人潛在的形象及人際資源方面的投資。

常志、曉祥和啟泰三人是從小一起長大的好朋友，但某次常志告訴曉祥，說在生意上他絕不會和啟泰合作。曉祥很困惑：大家感情那麼好，生意上又可互惠互利，為什麼不一起努力？常志說：「這麼多年了啟泰還是一點長進都沒有，有一次兩個人一起去找人談生意，出來後我真為有這樣的朋友而覺得羞愧，啟泰的身體語言太誇張了，談事情時搖頭晃腦，抬腿翹腳，拍手狂笑，令正經文靜的對方非常尷尬而不自在，怎麼做生意啊！」

啟泰人很不錯，也有不少其他優點，但修養、禮儀上的這些小問題卻帶給他如此大的負面影響。

有的人也許腰纏萬貫，但卻言辭粗鄙，舉手投足像個下里巴人；有的人口袋裡沒幾個錢，衣著打扮也非名牌，但就是舉止大方，氣度不凡，令人不敢小覷。

就以走路的姿態來看，有的人低頭駝背、無精打彩；有的人則挺胸抬頭，氣度軒昂；有的人左搖右晃或連蹦帶跳；有的人則端莊大方，沉穩幹練等等。同樣的道理，站姿、坐姿、吃相、衣著等無一不向別人傳遞著你的修養品味、性格學識等多方面的資訊。

60 避開八卦是非

生活中一個大嘴巴的、愛亂講話的人總是遭人厭惡。

人之所以會喜歡到處傳八卦，與人論是非，其主要動機不外乎下列幾點：

⑴可以借由別人私底下的一些不當言行，來突顯出自身的優越。

⑵借著將大量的時間與精力，花在討論別人的隱私上，來逃避自己在生活上所必須面對與處理的難題。

⑶借助隨時握有他人甚感興趣的最新小道消息，來向他人展示出自己是一個消息很靈通的人，並且，以給予他人最新獨家的消息，來滿足自己駕馭他人的能力。

因此，若有人想要向我們索問相關消息的時候，他們也可能必須以施予小惠的方式，才能換得一些他們想知道的八卦消息。

然而，這些思想行為都是不好而且不對的，當意識到自己有行為不端或犯了錯誤時，就應該改正自己的行為，而不是利用挖人隱私的方式，來掩飾自己內心的不安與罪惡感。

對於觀賞或閱讀充斥八卦的電視節目及報章雜誌是百害而無一利的，相反地，可以改成閱讀一些可以激勵自己成功的名人傳記和相關的報章雜誌，便可慢慢地改掉喜歡東家長西家短的壞習慣。增強自己的自制能力，是改掉喜歡愛說三道四這個壞習慣最直接的方法。

61 君子之交淡如水

交淺而言深，既為君子所忌，亦為小人所薄。

人際溝通專家指出，如果一個人老是喜歡追問別人的不幸或者隱私，往往就會變成不受歡迎的人。所以除非是涉及到工作上的問題並且你打算承擔全部的責任，否則最好不要挖別人的隱私。即使是朝夕相處的同事，也應該盡量尊重人家的隱私。有時，旁人過度的關心反而會幫了倒忙。尤其是當一個人正在承受痛苦時，通常他可能需要的是療傷的時間和空間，也就是希望自己能夠靜靜地待一會兒。在這個時候沒有什麼比在他們耳邊嘮嘮叨叨更叫人心煩了。

西方有一句很精彩的諺語「Curiosity can kill the cat.」，也就是說好奇心是致命的，會死人的。在東方人們也常說「打聽天機的人，易遭人怨；洩露天機的人，易遭天譴」。現今由於流行聊天室、即時通等網路交友以及直銷、電話行銷等面對面交易，有些人會在初識對方時，就詳細地詢問別人的生日喜好或者家庭情況。有的人認為這是辦事情、結交陌生人的好方法、好手段。因為他們相信，一旦一個人把比較私人性質的事情告訴你的話，就會對你產生特別的依賴和信任，但真的是這樣嗎？

的確，要跟一個人建立比較親密的關係，最直接的辦法就是分享他的祕密。有些人為了達到這個目的而使用各種手段，他們為你算命，請你填表做心理測驗的遊戲，也用他們的祕密來交換你的祕密，甚至用「假祕密」交換你的「真祕密」。

但事實上，這樣所建立的，並不是健康真誠而且能長長久久的人際關係。雙方信任度不夠時，每個人在說出祕密之後，都可能很不安心，漸漸地新建立起的友情反而變得尷尬，在雙方跨入更深一層的關係之前就疏遠了。

別人的隱私我們沒必要知道，自己的隱私也沒必要去告訴別人，適當的距離是人際交往最需要把握的尺寸。

人都是占有欲很強的動物，你想占有別人，別人也想占有你，最好的生活方式和秩序就是彼此之間達成共識，互相不侵擾對方。

62 小心地雷

人的傷疤揭不得，若揭而不怒者，除非他是傻子或瘋子。

暴露自己的隱私，對任何人來說，都不是令人愉快的事。不去提及他人平日認為弱點的地方，才是聰明人待人應有的禮儀。尤其是身體上的缺陷，事出無奈，千萬別用侮辱性的言語攻擊他人身上的缺陷。

在中國素有所謂「逆鱗」之說，即使再馴良的龍，也不可掉以輕心。龍的喉部之下約直徑一尺的部分上有「逆鱗」，全身只有這個部位的鱗是反向生長的，如果不小心觸到這一「逆鱗」，必會被激怒的龍所殺。其他的部位任你如何撫摸或敲打都沒關係，只有這，一片逆鱗無論如何也接近不得，即使輕輕撫摸一下也犯了大忌。

所謂的「逆鱗」就是我們所說的「痛處」，也就是缺點、自卑感地雷、不想說的事，每個人身上多少都有「逆鱗」存在，在人際關係的發展上，我們有必要事先研究，找出對方「逆鱗」所在，只要我們不觸及對方的「逆鱗」，避免有所冒犯，也就不會惹禍上身了。

63 不輕言許諾

「輕諾必寡信」——路遙知馬力，日久見人心。多輕諾必多虛偽，久而久之，人或對之「敬」而遠之，或採取「冷處理」，陷他於孤立的境地。

著名的美國總統林肯先生在他的處世上有一條原則：「不輕易許諾，許諾後一定兌現。」這條原則伴隨著他的一生。

一天，林肯正在自己開辦的律師事務所裡清掃房間。這幾個月來，生意一直不好，林肯心裡很著急，如果這種狀況繼續下去，那麼，這個事務所離關門也就不遠了。

正在這時，一個滿面愁容的婦人走了進來，「哎呀，先生，您是這兒的律師嗎？」

林肯答應著，請她坐下，讓她安靜一下。

婦人懼怯、悲憤的心情流露在眉宇間，看上去，她很焦急。她如泣如訴地訴說自己的委屈。她的小兒子阿姆斯特丹誤交損友，整天與他們廝混，還把他們當成至交，其中一個名叫福爾遜，別人向他借了錢，他要阿姆斯特丹與他一起去討債。

一天晚上，他們倆趁那人剛從酒吧裡喝得醉醺醺出來，把他劫到一個僻靜處，由阿姆斯特丹把風，福爾遜「教訓」那個人，向他索要錢財，那個人聲稱自己沒有錢，福爾遜一氣惱撿起一個酒瓶子便使勁砸下去，誰知，竟將那人砸死了。後來，福爾遜主動投案，誣陷阿姆斯特丹是殺人兇手，警方對此深信不疑，即將判刑。

那個婦人又說自己跑了好幾家律師事務所，但沒有人敢出面受理，最後她說：

「先生，救救我的兒子吧！他是無辜的。如果官司打贏了，我可以付您十萬美元的報酬。」

十萬美元可不是個小數目，這使正處於拮据中的林肯簡直有點驚呆了，可是他還是不停地來回踱著步，面色凝重，不說一個字。

「先生，難道您不相信我的話嗎？」婦人有點失望。

「不，敬愛的女士。我首先想的是事實。事實，懂嗎？事實是律師的金子，事實是律師行路的拐杖。沒有事實，任何一個高明的律師也打不贏官司。所以，在沒有獲得事實以前，我只能是個啞巴。」

「先生，我不明白您的意思。」

「假如您說是一件事實，而且也有確鑿的證據證明它是事實，那麼，事情就成功啦，您的兒子就有救了。」

女人凝噎片刻，才說：「先生，您的穩健、智慧，使我看到了生命的希望。」

林肯跋山涉水，歷盡艱辛，尋找與案子有關的線索，最後憑藉鐵的事實、超人的智慧和雄辯的口才，拯救了阿姆斯特丹，贏得了這場眾所周知、幾乎已成敗局的官司的勝利。因此，林肯贏得了眾人的尊敬和信任，他的事務所的生意也日益好起來。

64 拒絕的藝術

說話要學會「繞」，正所謂「曲徑通幽」，輪船下是善於「繞」，才能避開險灘暗礁，一帆風順。

陳毅擔任中國外長時曾主持過一次談國際形勢的記者會。會上陳毅談到了美制U－2型高空偵察機騷擾中國領空的事情，並對此表示了極大的憤慨。有個外國記者趁機問道：「外長先生，聽說中國打下了這架偵察機，請問是用什麼武器打下的？是導彈嗎？」只見陳毅用手作了一個用力往上捅的動作，說：「我們是用竹竿子捅下來了。」與會者無不捧腹大笑，那個記者也知趣地不再追問了。

竹竿子能捅下高空偵察機嗎？陳毅回答的顯然是一句錯話。但卻錯得極妙！試想，除此之外，還有什麼更好的回答方式呢？如實相告，就會洩露國家的核心機密，當然不行；但按一般方法說「無可奉告」，將使會議氣氛過於板滯、凝重，而「是用竹竿子捅的」這句錯話，卻聽起來煞有介事，既維護了國家機密，又造成了幽默輕鬆的談話氣氛，真是一舉兩得，一箭雙雕，怎能不叫人拍手叫絕！

可見，在特定語言環境中，為了避免不必要的麻煩，將真話變為錯話，曲折地說出來，往往能有意想不到的好結果。

生活中常有這樣的事：當有人求自己幫忙，但卻實在是辦不到，此時若直言拒絕，一定會使對方難堪或傷害對方，那麼該怎麼辦呢？

有一次，林肯在某個報紙編輯大會上發言，指出自己不是一個編輯，所以出席這次會議，是很不相稱的。為了說明他最好不要出席這次會議的理由，他講了一個小故事：

「有一次，我在森林中遇到了一個騎馬的婦女，我停下來讓路，可是她也停了下來，目不轉睛地盯著我的面孔看。

她說：『我現在才相信你是我見到過的最醜的人！』

我說：『你大概講對了，但是我又有什麼辦法呢？』

她說：『當然你已生就這副醜相是沒有辦法改變的，但你還是可以待在家裡不要出來嘛！』」

大家為林肯幽默的自嘲而啞然失笑。林肯在這裡巧妙地運用了自嘲來表達自己的拒絕意圖。既沒讓人難堪，還在愉快的氛圍中領悟到林肯的意圖。

有時候為了避免直言相告，還可巧妙地尋找藉口來為自己解圍或是保全他人的面子。

舞會上別人邀你，你內心實在不想跟他跳，可說：「我累了，想休息一下。」既達到謝絕目的，又不傷別人的自尊心。

別人與你相約同去參加某一活動，但屆時你忘記了；或過後生悔，未去赴約。直說出原因，將會影響別人對自己的信任，也是對他人的不尊重。一般情況下，失約的可能原因有身體不適、家中有事、客人來訪等，你可挑選較合情理的一種，作為事後的解釋。

為了避免直言，運用各種暗示，以含蓄、隱晦的方法向對方發出某種寓著自己真實想法、態度的資訊，以此來影響對方的心理，使對方明白自己的心意，這也不失為一個妙招。

一次，某鄉總幹事為了加強機關幹部管理，在工作考勤等方面作了一系列規定。決定由曾在鄉屬企業擔任過多年負責人，不久前剛調到機關任傳達工作的一位資深官員負責考勤登記。這位官員認為這項工作易得罪人，不願意做。說自己過去就是因為辦事太認真，得罪了不少人，正在吸取「教訓」。

聽了他的話，總幹事委婉地講了一個故事，某電影導演，為拍部片子四處尋找合適的演員。一天，發現了一個合適的人選，便通知他準備試鏡頭。這個人十分高興，理了髮換上新衣，對著鏡子左照右看，總感到自己的兩顆「虎牙」式的牙齒不好看，於是到醫院把牙齒拔掉了。後來，當他興致勃勃地去報到時，導演一見到他就很失望地說：「對不起，你身上最珍貴的東西，被你自己當缺陷給毀掉了，我們的影片已不再需要你了。」

故事講完後，這位老先生懂得了「堅持原則，辦事認真」正是自己最好的品格，於是他愉快地接受了任務。

在與人交談中，慷慨激昂，鋒芒外露，固然是一種本事，但細語聲聲，婉言相告，也是必不可少的一種本事。

65 如何不尷尬的「借」

借東西是一種技巧，借到了是一種資源分享，借不到是一種尷尬。

人的一生當中，難免會遇上周轉不靈的意外，需要向親友同事開口商借。雖然現今銀行放貸條件寬鬆，向銀行申貸非常方便，但利率極高，基於能省則省的考量，不需要利息的借貸還是對自己最有利的方式。不過，為什麼同樣找親友疏困，有的人能使物主樂意相借，而有的人卻猛碰釘子？除了平日的信譽、待人是熱誠等原因外，這和商借者語言表達的恰當與否也有密切的關係。所以，當我們向人家借東西時，說話要注意幾點：

(1)用商量的語氣

向別人借東西時，說話語氣一定不能太強硬，負面的話更是一句也不能出口，要知道是自己有求於人。比如孩子意外手術，現金存款又不足，只能向人借，這時可以說：「我的孩子病了，還缺住院費五萬元，不知您手頭寬綽不寬綽？下月領薪水就還您。」用這種商量的口氣，只要人家手裡有錢，是不會不幫忙的。借東西時說話一定要用商量的語氣，這樣才能使對方感到你有求於他而且尊重他，他才肯幫助你。

⑵說明歸還時間

向別人借東西時，一定要說明歸還時間，並且準時歸還。比如與同事一起去逛街，看上了一條新款裙子，想買下來，剛巧皮夾裡錢不夠，可向同事說：「蘇菲，請借給我五百元，明天一早上班還妳。」說明了歸還時間，使人家感受到借出的錢有了會還的保障，所以會放心地借給你。

⑶說話要誠實

向別人借東西要說實話，不能為了要借得容易而編假話騙人。比如借錢時明明知道近日還不了，為了使人家願意借，就說：「過幾天就還。」或說：「明天就還。」結果沒有如期歸還，人家就會把你看成不守信用的人，下次要再借就難了。而且不要隨便改動商借的內容，一開始說借兩千元，等人家答應了又改說是要借五千元，這會使借主感到為難的。

⑷借不到時，不要說氣話

向人借東西，總有不能如願的時候，不能因為人家不借，就說出不禮貌的話。對方通常是真的有困難才無法出借，不必要為了借東西的事大傷和氣，賠上雙方的情誼。借錢不成時，如能對人家說：「我知道你手頭也不寬裕，我再到別人家看看。」表明自己體諒的心，友情也不會變調。

(5)運用求借語要因人而異

關係好的不妨隨便一些；知心朋友更應當直截了當，以免讓對方感到「疏遠」；若是一般朋友，關係平常，不妨來個「曲線求借」，先試探一下，然後根據對方情況隨機應變。比如借錢，老朋友之間就可以這樣表達自己的意圖：「喂，這兩天手頭緊借點錢用用！」若是一般朋友，你不妨這樣說：「唉，這幾天錢花得兇，買這買那的，離月底還有十多天，這日子過得真緊！」若朋友能悟出你的意思，主動提出幫助你，那你再說借款數字；若對方也跟你一樣，大談錢如何如何不夠用之類的話，這時請你免開尊口；因為，對方的意思很明顯：他不想借或真的借不出。

第五章

臨機巧變

66 欲擒故縱

如果對方是一個思想保守的人，要他採納新作法，就得運用一些技巧，激將法、欲擒故縱都較能達到目的。

這是關於著名工程師惠爾如何折服一個剛愎自用的工頭的故事。有一次，惠爾想在其負責的工段更換一個新款的指數表，但他料定工頭必會反對，於是惠爾略施了一個小計。

惠爾去找工頭，腋下夾著一只新式指數表，手裡拿著一些徵求意見的文件資料。當兩人討論事情時，惠爾把指數表從左腋換到右腋地來回移動了好幾次，終於，工頭開口請求惠爾：「那是什麼？給我看一看。」「哦，你看它做什麼，你們組裡又不用這個。」惠爾裝作很勉強的樣子，將指數表遞給工頭，在工頭審視的時候，惠爾就隨意但非常詳細地，把儀器的效用說給他聽。工頭很快就掉進圈套說：「我們組裡用不到嗎？怎麼會，這正是我早就想要的東西！」

惠爾故意這樣採用激將法，欲擒故縱，結果很巧妙地達到了目的。

有許多人常常苦於自己的意見不被重視，其實仔細找一找原因，原來問題在於自己還不明瞭「如何使人採納自己意見的方法」。

67 暗渡陳倉

巧找藉口可以有效地掩蓋缺陷，擺脫難言的困窘，用笑聲帶過一切。

巧找藉口說話指在處於困境中無計可施時，巧妙地尋找一個媒介讓對方明白自己的難堪，以便自己能借助它脫身，並產生技巧的一種方法。它反映著一個人的應變能力，也能很明顯地顯示一個人的精明，是一種行之有效的手段。

生活中常常會有意想不到的情形出現，令毫無準備的你大吃一驚或十分難堪，有的人往往手足無措，陷於困境當中。聰明的人就不一樣，他總會以智慧的眼光來對待它，從獨特的視角出發，找出解決問題的辦法。巧找藉口就是他們慣用的一種方法，他們能夠在突發的事件中挖掘出一些可資借鑑的東西，並不失時機地將他一軍，從而在會心的笑聲中得到解脫。

一個小夥子到未婚妻家吃飯，接受未來岳父母的考驗。未婚妻叮囑道：「我家有個規矩，客人不能自己去添飯。你可得記住啊！」

年輕人答道：「飯來伸手，何樂而不為也！」

誰知道吃飯的時候，未婚妻和未來的丈母娘隨便吃了一點就做別的事情去了。而未來的岳丈大人三杯酒下肚，話匣子打開，談得正眉飛色舞，哪裡還注意到這位準女婿的飯碗已空空如也。

年輕人見滿桌的美饌佳餚，舉著沉思，靈機一動，計上心來。他開口道：「伯父，你們打不打算修房子呀？」「修倒想修，就是眼下木材缺乏。」

年輕人見上了道，便接著說：「我有個朋友有批木材，還是柏木，最小的就有這麼大——」說著，他把碗一舉。未來的岳丈大人這才發現這位準女婿的碗是空的，趕緊叫道：「老婆，快添飯！」

年輕人轉危為安，又吃到飯了，便不再提木材的事，可是老頭還掛念這事。繼續問：「你剛才說的那批木料，他賣了嗎？」

年輕人夾了一口菜，吃了一口飯答道：「他先前沒有飯吃，打算賣，現在找到了新工作，有飯吃了，他就不賣了。」

生嫩的後生晚輩初次去丈母娘家遇到這種情形，往往只有按捺下蠢動的肚蟲，強忍饑餓，裝成吃飽的樣子放碗離席。禮數雖周，卻委屈了自己的肚子。這個年輕人就非常聰明，他巧妙地找到一個話題，使老丈人感興趣，並借機展示自己的空碗，從而達到了目的。最後才隱約地說出談這個話題的動機，以顯出聰明人的技巧，未來的岳丈也自然明白了他的意思，哈哈大笑之外，也對這聰明的未來女婿刮目相看。

巧找藉口的特點在一個「巧」字，就是所找的「藉口」要能切合當時的情形，不僅巧妙地解決你的問題，而且巧妙地產生智慧。這「藉口」本身也得含有一種不和諧的因素在內，你再將裹在這「藉口」身上的外衣揭掉，讓不和諧暴露出來。笑，就很自然地在這中間產生。

68 聰敏機變

尷尬情況每個人都會碰到，一旦來臨，不要手足無措，最好的方法就是用你的應變去化解它。

一八九〇年，著名作家馬克•吐溫一行二十餘人參加了道奇夫人舉行的家宴。宴會不久就出現了常見的情況：每個人都在跟自己身邊的人談話，慢慢地，大家的聲音越來越高，整個會場亂糟糟的一片簡直不像是在舉行宴會，而是處在熱鬧異常的菜市場之中。道奇夫人面露難色，但又不能掃了大家的興致，馬克•吐溫也覺察到了這些，但如果在這時大叫一聲，讓人們安靜下來，其結果肯定會惹人不快，甚至鬧得不歡而散。怎麼辦呢？

馬克•吐溫心生一計，便對鄰座的一位太太說：「要讓他們安靜下來，辦法只有一個：您把頭歪到我這邊來，彷彿對我講的話聽得非常起勁，我就壓低聲音講話。這樣，旁邊的人因為聽不到我說的話，就會想聽我的話了。我只要嘰嘰咕咕一陣子，你就會看到，談話會一個個停下來，接著便會一片寂靜，除了我的聲音之外，不會再有其他任何聲音。」

那位太太將信將疑，但她還是按馬克•吐溫的話做了。於是馬克•吐溫低聲講了起來：

「十一年前，我到芝加哥去參加歡迎格蘭特將軍的慶祝活動，第一個晚上設了盛大的宴會，到場的退伍軍人有六百多人。坐在我旁邊的是馬可先生，他耳朵很不靈便，有個聾子常有的習慣，不是好好說話，而是大聲地吼叫。他有時候手拿刀叉沉思五六分鐘，然後會突然一聲吼叫，嚇你一跳。」

說到這裡：道奇夫人那邊桌子上的嘈雜聲果然小了下來，人們開始好奇地看著馬克•吐溫，寂靜沿著長桌，蔓延開來。馬克•吐溫用更輕的聲音一本正經地講下去：

「在馬可先生不做聲時，坐在對面的一個人對他鄰座講的故事快講完了。我聽到他說『說時遲，那時快，他一把揪住了她的長髮，她尖聲叫喚，哀求著，然而他還是無情地把她的脖子按在他的膝蓋上，然後用刀子可怕地猛然一劃。……』」

此時，馬克•吐溫的目的已經達到，餐廳裡一片寂靜。他見時機已到，便開口說明為什麼要玩這個遊戲。他是想請大家記住：參加宴會的人要有素養、要顧及他人的感受，在談論的時候最好一個一個來，而其餘人都要全神貫注地傾聽。

人們愉快地接受了馬克•吐溫建議，晚上其餘的時間裡大家都過得很開心。而馬克•吐溫也很得意：

「我一生中從來沒有任何時候比這次更高興了。這主要是因為我小小的舉動，能夠維持秩序，控制環境……」

另一位名人蕭伯納則經常在他寫的戲中揭露、諷刺資本家的醜惡面目。一次，一個資本家想在大庭廣眾之中羞辱蕭伯納一番，他揮著手大聲說：

「人們常說，偉大的戲劇家都是白癡。」

蕭伯納毫不生氣，反而十分瀟灑地笑了笑，隨即回敬道：「親愛的先生，我看你就是當代最偉大的戲劇家！」

尷尬局面的出現，往往是剎那間的事情，如果缺乏鎮靜，大驚失色，那只能是手足無措，亂上添亂。所以，遇到這樣的場合，首先要做的就是保持鎮靜，冷靜地觀察局勢，然後隨機應變，機智巧妙地應付尷尬，甚至將尷尬留給對方。

69 曲直之變

曲的同時是為了更好的直，直的方式是為了達到曲的目的。

曲而直說或直而曲說是一種高明之術，因曲與直有別，在操作之時，我們常會分而待之，也就是曲說有曲說的方法和技巧，直說有直說的方法和技巧。

有話曲說就是拐彎抹角，曲折暗示地說，從而達到表述隱衷的目的，在通常情況下聰明與直截了當地表述隱衷無緣，直抒胸臆是抒情的效果，而非聰明的旨意。當聰明人間接暗示，誘使對方頓悟之時，我們說他成功了。生活中，你也許會對不可改變的事情不滿意，並因此而感到困窘。如果你直接把它們說出來，並不能顯示你的過人之處。但是你若能用曲折暗示之法，表明你對困窘似乎採取無所謂的態度，那你就是一個精明兼聰明人。

經理：「文華，你今天看起來精神不怎麼好。」

文華：「經理，你不知道，我和老婆非得要飛上天不可了。」

經理：「這話從何說起？」

文華：「我們那寶貝兒子吵著要月亮，做父母的哪有不為他摘下來之理呢？」

文華的苦衷是說明現在的小孩子太難教了，孩子是家中的「小皇帝」，爺爺奶奶又是孩子們的保護神，因此爸爸難做，有時刀山要上火海要下，有時天要上地要下。

社交場合總有許多衝突，由於某些利害關係，對朋友的是非當場不能批評，自然是暗示為上，最好是以荒誕不經的方式使對方明白。

如朋友請客、吃飯、喝酒是常事，也是樂事，但有的朋友小氣，無心計的人直接批評，定會將樂事變成惱人之事，大家也會因此不歡而散，但在聰明的人那兒，這一點就不存在了。

一次，幾位朋友一起赴宴，宴席上的玻璃杯很小，其中一位老兄感到很不過癮，而主人斟酒，每次又只斟半杯。

突然，這位仁兄問主人，「老哥，你家裡有鋸子嗎？請借我一用。」

「不知老兄做什麼用？」

這位仁兄指著酒杯說：「這杯子上半截既然盛不得酒，要它何用？鋸去豈不更好！」

這建議可謂聳人聽聞，很明顯是不可實現的，但彼此之間心照不宣，這比直接說出自己要求的心理抗力要小些。

從心理上來看，常人在社會交往中都有一定的目的性，因此常把自己的真正心理嚴密地保護起來。這樣就會出現人們口中說的和心中想的往往不大一樣。心與口之間的錯位給人以回味的餘地，可形成一種言外之意的情趣。換句話說，直說隱衷到了缺乏自我保護意識的程度，就能生出一種高明的效果。

三個女同事一起談到一個急於結婚的男人。

十七歲的少女說：「那個男人是不是長得很英俊？」

二十五歲的小姐說：「那個男人一個月的薪水有多少？」

三十五歲的老處女說：「那個男人在哪兒？」

這些是三位女人的心裡話，顯而易見各自的隱衷不同。前兩位的話不可笑，可笑的是第三位，急不可待的樣子都表現出來了。

直說隱衷，並非真的將隱衷做直接的、現實的表達，而是通過片面的邏輯，做假定的、非實用的、不科學的表達。這種表現的方法容易在一些特殊的條件下，如家庭環境最易產生。尤值一提的是在大人和小孩之間產生的此類效果。

兒子有一天忽然問爸爸：「爸爸，在你還小的時候，你爸打過你嗎？」

「當然，他打過我。」爸爸說。

「那麼，當你爸爸是個小孩的時候，他爸打過他嗎？」

「當然，他爸打過他。」爸爸笑著回答。

兒子想了一會兒，然後又問：「爸爸，假如您願意合作的話，我們可以中止這種惡性循環的暴力行為」。

兒子的直言，迫使爸爸不得不和他談「合作」的條件，反省一些對兒子不公正的舉動。如果兒子不直言，就一定會將爸爸視為一個不民主的暴君，適合的精明幫助這位兒子找到了平等。

70 謬上加謬

不荒謬，就不可能有趣。可是對方的結論並不是本來就荒謬的。荒謬是引伸出來的，因而能不能精明取決於你引伸的能力和魄力。

謬上加謬法是把一種荒謬極端化或者把荒謬性層層演進的精明語。它要求不但有精明語，還要使精明的程度加大。這就要求精明人把微妙的荒謬性擴大為顯著的荒謬性，把潛在的荒謬性提高為擺在面前的荒謬性。

古代有個笑話說：王員外非常吝嗇，從來不請客，一次有人問他的管家什麼時候王員外才會請客，管家說：「要我家主人請客，非等來世。」王員外在裡面聽到了，破口大罵：「誰要你許他日子。」

本來說「來世請客」，已經由於來世的不存在而不可能了，也可以說澈底否定了，說的人和聽的人都很明白，沒有任何疑問。從傳達思想來說這種極端已經足夠了，但是從構成精明效果來說，還不夠，因為它太平淡了，不夠極端，精明語所要求的荒謬，得有點絕才成。

王員外絕就絕在明明來世請客是永遠不請客的意思，否定的意思，他卻認為不夠，因為從形式上來說來世請客，句子是肯定的，還沒有達到從內容到形式都絕對否定的程度，在他看來哪怕是否定請客的可能性，只要在字面上有肯定的樣子也都是不可容忍的，正是這種絕對的荒謬產生了精明語。

有一個古羅馬時期傳下來的故事：

某甲想要安安靜靜地工作，就吩咐僕人，如有來訪者就說他不在家。這時某乙來了，遠遠看到某甲在家中，雖然某乙不相信僕人所說的話，仍然回去了。這裡沒有什麼極端化的成分，也沒有什麼可笑的地方。要讓笑意不由自主地產生，就得往極端上推。

故事接下去：

第二天，某甲去拜訪某乙，某乙出來對某甲說：「我不在家，我不在家！」

這更夠荒謬了，明明自己出來了，卻說不在，但是還不夠絕，因為這種荒謬還帶著賭氣的可能，純賭氣則不屬於精明之列，它與輕鬆的笑無緣（除非是故意假賭氣），某甲大惑不解。某乙說：

「你這人太過分了，昨天，我都相信了你僕人的話，而今天，你居然連我親口說的話也懷疑。」

這話真叫絕了。

絕就絕在一句話中包含著多層次的荒謬，第一個層次，明明在，卻說不在；第二個層次，你昨日明明在，卻讓僕人說不在，這成了我今日說不在的前提；第三個層次，我明明知道你僕人說謊卻相信了，而我比你的僕人的地位更高，所以我的謊言你更必須接受。

強化精明效果的方法除了把荒謬推到極端外，還可以將多種荒謬集中在一個焦點上，成為複合的荒謬，我們把它叫做謬上加謬或謬上疊謬。

謬上加謬的特點是不管多種可能性的，它只管一條路往荒謬的結果上推演，歪理歪推才有強烈的精明效果。

導致荒謬法是對對方的邏輯和結論不作正面的反駁，而把它作為前提加以演繹和引伸引到一個顯而易見的荒唐結論上去，由結論的荒唐從反面證明對方的荒唐，這是中西古代哲學家常用的方法，在形式邏輯上叫做「導謬術」。

用這種方法，由於結論是顯而易見的荒謬，因而比一般反駁要有趣的多。

某小學四年級上作文課，老師出了一個題目「放學路上」，絕大多數學生都寫一些虛構俗套的故事，因而驚人的雷同。如果老師從正面去批評就只能說，這麼多雷同，顯示學生都是編故事。這樣批評很正確，但並不有趣，也無法立刻使小學生心悅誠服地接受老師的指導。

但這位老師沒有從正面去進攻，而採用導致荒謬的方法。他說：「你們的作文，三分之一寫撿到錢包交給員警，三分之一寫在公車上讓位給孕婦，三分之一寫扶人過馬路。別的不說，光說撿錢包，我活了這麼大年紀，上班下班走了這麼多年，就沒有你們那樣好運氣，我怎麼一次也沒有撿到過錢包啊！」

學生們哄堂大笑起來，這說明，他們立刻分享了老師的精明語，也同意老師的觀點。比之正面反駁，導致荒謬的好處就在於它有趣而且能迅速與對方分享，使雙方不但在認知上，而且在情感上達到一致。

精明語能消除二者在情緒上對抗的可能。有趣的關鍵在於極端的荒謬。法國十五世紀作家戈蒂埃說：「極端滑稽的就是極端荒謬的邏輯。」

71 故弄玄虛

故弄玄虛的奧祕是充分利用對方預期轉化的心理，抓住它，你就掌握了打開故弄玄虛大門的鑰匙。

一群年輕人，一起環島旅行，途中住在一家民宿裡。

第二天早上準備早餐時，慧敏發現自己前晚放在客廳桌子上的三明治不翼而飛，於是，她大聲叫道：「我的天，誰把我的三明治吃了？！」

大夥一聽，都說：「我沒吃！」

「那就太好了！」慧敏說。

「慧敏，為什麼這麼說？」有人問。

「因為昨天傍晚我見房裡有老鼠，就向老闆娘要了點老鼠藥，放在三明治裡，想用它來毒老鼠。」

「天哪，我中毒了！」換成民豪大叫起來。

慧敏卻笑了，說：「民豪放心吧，我不過是想讓你說真話罷了。」

在這裡，所用的就是故弄玄虛、一本正經，而且是雙重玄虛，第一次是大夥都說沒吃，而慧敏說太好了，偷吃三明治的民豪還以為自己輕鬆逃過一劫；但是忽然一個逆轉出現了，誤食毒藥令民豪大驚失色，這時慧敏又說沒事，把民豪心情整個七上八下。

這就是雙料的故弄玄虛，本來什麼事也沒有，在此折騰下，生出許多妙趣的精明來。

玄虛是構成故弄玄虛的要素，人們常以為它只能出現在純粹的之中，存在於藝術空間裡面其實則不然，在現實的人際交往中，它往往也會有出色的表現。

一天，張醫生剛到診所上班，就見一年輕人扶著一位老太太走了過來，年輕人臉色陰沉，沒好氣地說：「醫生，你瞧我媽這病……唉，可把我折騰苦了，她還不如早點死了好！」

張醫生一邊給老太太看病，一邊問：「年輕人，今年多大了？」

「剛到二十五，你問這做什麼？」

張醫生說：「唉，你媽要是早死二十五年就好了」。

這個醫生如此聰明，其醫術一定不會差，他故弄玄虛，使年輕人一陣錯愕。真是高明，如果張醫生直接指責年輕人不孝，那只能說張醫生為人俠義，卻無教導感可言，而他將自己的觀點掩藏在似乎牛頭不對馬嘴的語言之中，最後一句，乍一聽似乎摸不著頭腦，細一想，便會豁然明白，年輕人會因頓悟了張醫生的智慧和情趣而心中大愧，同時也領略到了精明語給人們所帶來的愉悅之情。

精妙語言之中的行為是雙向性的，任何一個精明人中都要有合作夥伴才行。故弄玄虛尤其講究雙方的「合作」。

某餐廳裡，一位男士正在進餐，忽然發現菜湯裡飄著一隻蒼蠅，他招手叫來服務生，冷冷地問：「請問，這東西在我的湯裡做什麼？」

服務生彎下腰，仔細看了半天，畢恭畢敬地答道：「先生，牠是在游自由式。」

「難道它不知道這兒嚴禁外人入內嗎？」

由於兩人都很精明，都抓對了時機盡量發揮，都故弄玄虛，終讓雙方互相欣賞對方。這時，問題便不復存在。這似乎是「合作」的好處與妙處。

72 請君入甕

美妙的語言是智慧的具體展現，而以退為進請君入甕便是成功的表達方式，把語言藝術發揮到極致。

有這麼一幅漫畫，主要人物是一個頭頂有三根毛的窮小孩，不妨叫他「三毛」吧。這個漫畫的場境大致是這樣的：

一位闊太太牽著一條哈巴狗上街，見了三毛，想拿他開心取樂，就對三毛說：「只要你對我的狗喊一聲爸，我就賞你一千塊。」

三毛敲了敲腦袋，想了想道：「喊一聲一千塊，喊十聲呢？」

「一萬元！」闊太太很大方地吼道。

三毛躬下身，摸著狗，一連喊了十聲「爸」！闊太太大笑一聲，真的給了三毛一萬元。

這時周圍擠滿了看熱鬧的人，三毛向闊太太點了點頭，故意提高嗓音，拉長聲調喊道：「謝謝你，媽——」

有爸有媽才有兒子這是常理，而這裡三毛一聲「媽」，把情節向前推理成，狗和闊太太是夫妻，這比三毛和狗是父子關係更荒唐，雖然三毛沒直接說出來，但已是一目了然的事了。

三毛是一報還一報，只不過為保護自己；闊太太呢，功敗垂成，自食其果，而導致這一結局。

人們都知道正常情況下，相同的原因會產生相同的結果，不同的原因會產生不同的結果。如果同樣一個人，同樣一件事，在同樣的條件下，卻產生不同的結果，從常理上講，這不合邏輯，做這樣的推理，則是一種弱智的表現。然而對於精明人來說，情況則完全相反，在許多情況下，越是同因異果，越能構成精明。

這種精明的推理在社交活動中極有實用價值，它能讓你在情況不斷變幻的條件下，總是能找到有利於自己的理由，哪怕互相對立的理由，也都能為你所用。

人們的言論和行為，一般情形下，不可以像科學推理那樣嚴密、周全，都有其變幻性和動搖性。精明的人，就是善於抓住這點推理出變化莫測的花樣，去調侃對方或調侃自己。因此，任何一個人只要你放開思維，任意馳騁，就可以踩到前提點創造出精彩的精妙語來。當然，也許應該再向下面兩則故事學習一下。

大明自稱會看相，對小明說：「哎呀，小明，你將來沒什麼福氣，也不會長壽。」

小明一驚，問道：「你怎麼知道？」

看相的說：「你的耳朵特別小，自古以來，相書都說耳朵大的命長福氣好。」

小明笑著回說：「你的意思是說，豬的福氣大、壽命長囉！」

這「耳朵大小」是前提，而這個前提有變化性，不單其對人而言，因此，朋友的推理就移到了豬的身上，顯出了荒唐性。

在小明的推理中幾乎看不到攻擊性，只是攻破對方所謂的高論，是屬於軟性的，是寬容大度的表現。當然，也可以創造出有攻擊性的推理，若有必要保護自己的話，在人際關係中語言的功能就是使雙方力量平衡，對方給你多少，你就給他多少，這時緊張的關係才能鬆弛。

丈夫吸菸，妻子們總是想盡辦法要丈夫戒菸，而丈夫總是有他的所謂吸菸的道理，因此，夫妻間常為此唇槍舌劍，更甚者，真刀真槍地大動干戈，到最後，丈夫菸照吸，妻子照樣不滿。

從心理學的角度來看，妻子想要說服丈夫，只有在智慧上戰勝對方，使丈夫心服，才能使丈夫在行為上服服貼貼。這樣與丈夫相比就有一種優越感，精明的語言是智慧的表現，又不會傷害對方，是「對付」丈夫最好的武器之一。用至妙處，則可出奇制勝，使對方俯首稱臣。

妻子指著家庭醫學雜誌說：「你看看這篇文章，吸菸有很多害處，科學家說，吸一支菸會減少六分鐘壽命，我看你還是把菸戒了。」

丈夫卻說：「妳這是想謀害我。」

妻子不解地問：「我勸你戒菸是要你愛惜身體，怎麼說是謀害你？」

丈夫說：「你沒見這篇文章中還說，不吸菸的人吸入了空氣中的二手菸，比吸菸者遭受的危害更大，我們公司裡人人都吸菸，我一個人不吸，豈不是要被害？我是因為怕死才吸菸的呀！」

妻子聽了，說：「好，那麼以後你每天給我和女兒也各買一包香菸。」

丈夫：「……」

為什麼丈夫這時不說話了呢？因為根據他的推理，丈夫吸菸，妻子和女兒也要吸菸，否則危害更大，這豈不也成了一種謀害。妻子的話使丈夫自己用繩子套了自己的腿，行走不得。

這時，只要是對恩愛夫妻，丈夫願從心理聽從妻子的勸說，真心戒菸。之所以如此，是因為妻子不但在智慧上勝了丈夫，而且在精神上也創造了一種情趣。

73 吊人胃口

先巧設「珍籠」吊人胃口，待對方陷入思考再解開謎團，是高明的說話藝術。

製造懸疑，是語言技巧中最常用的一種。這種語言技巧一般是先把自己的思路引入對方思維的軌道，然後，來個急轉彎，把對方置入困惑的境地，即讓對方「著了你的道」，再用關鍵性話語一語道破，有畫龍點睛的作用。使聽眾在出乎意料之外，捧腹大笑。

在日常生活中，經常會遇到這種情形，只要充分動動腦，就既能使自己的聰明才智得到發揮，又能達成實際目的，這才是最重要的。語言的最高境界即在於此。請看下面的例子：

從前，美國有個賣香菸的商人到法國做生意。一天，在巴黎的一個市集上大談抽菸的好處，突然，聽眾中走出一個老人，逕直走到臺前，商人吃了一驚。

老人在攤位邊站定後，便大聲說道：「女士們，先生們，對於抽菸的好處，除了這位先生講的以外，還有三大好處！」

美國商人一聽這話，連向老人道謝：「謝謝您了，先生，看你相貌不凡，肯定是位學識淵博的老人，請你把抽菸的三大好處當眾講講吧！」

老人微微一笑，說道：「第一，狗害怕抽菸的人，一見就逃。」圍觀群眾大感好奇，商人暗暗高興。「第二，小偷不敢去偷抽菸者的東西。」群眾連連稱奇，商人更加高興。「第三，抽菸者永遠不老。」臺下聽眾驚奇不已，商人喜不自禁，要求解釋的聲音一浪高過一浪。

老人把手一擺，說：「請安靜，我來解釋。」

商人格外振奮地說：「老先生，請您快講。」

「第一，抽菸人駝背的多，狗一見到以為是在彎腰撿石頭要打來，能不害怕嗎？」群眾笑出了聲，商人嚇了一跳。「第二，抽菸的人夜裡常咳嗽，小偷以為他沒睡著，所以不敢偷。」群眾一陣大笑，商人冷汗直冒。「第三，抽菸人很少長命，所以沒有機會衰老。」群眾哄堂大笑。此時，大家一看，商人已不知什麼時候溜走了。

這則巧設懸念的語言技巧一波三折，層層推進，一步一步把聽眾的思維拊向迷惑不解的境地，在把聽眾的胃口吊得足夠「饞」時，才不慌不忙地表達出自己的意思。眾所周知，抽菸是令人反感的，危害人所共知，當老人一言不發地走向販菸商人時，大家心裡想的是老人要來拆臺了，沒想到老人卻說要大談抽菸的好處。商人和聽眾一樣感到迷惑，急切地想知道老人葫蘆裡要賣的藥，最終，老人以逗趣的話語作了妙趣橫生的解釋。既令群眾開心，又使群眾從販菸商人的欺哄裡走出來，意識到抽菸的危害性。使用巧設懸念的語言技巧，必須要注意以下兩點：

⑴不要故弄玄虛，讓人不著邊際：任何語言都要求自然得體、順理成章，如果做得很明顯，不但不能讓人產生興趣，反而會覺得無聊乃至反感。

⑵做好充分的鋪墊：最好能在聽眾的急切要求下再將「謎底」洩露出來，做到天衣無縫，不要急於求成，讓聽眾對結果產生錯誤的預料，然後再把結果娓娓道來，以使聽眾有個緩衝時間來領略語言的趣味。

74 話中有話

表達用語的精明，多表現在置之死地而後生，語入絕境處又逢春。

一九五六年在蘇聯共產黨第二十次代表大會上，赫魯雪夫做了「祕密報告」，揭露、批評了史達林肅反擴大化等一系列錯誤，引起蘇聯人及全世界各國的強烈反響。大家議論紛紛。

由於赫魯雪夫曾經是史達林非常信任和器重的人，很多蘇聯人都懷有疑問：既然你早就認識到了史達林的錯誤，那麼你為什麼早先從來沒有提出過不同意見？你當時做什麼去了？你有沒有參與這些錯誤行動？

有一次，在黨的代表大會上，赫魯雪夫再次批判史達林的錯誤，這時，有人從聽眾席上遞來一張便條。赫魯雪夫打開一看，上面寫著：「那時候你在哪裡？」

這是一個非常尖銳的問題，赫魯雪夫很難做出回答。但他又不能迴避這個問題，更無法隱瞞這個便條，這樣會使他失去威信，讓人覺得他沒有勇氣面對現實。他也知道，許多人有著同樣的問題。更何況，這會兒臺下成千雙眼睛已盯著他手裡的那張紙，等著他念出來。

赫魯雪夫沉思了片刻，拿起便條，通過擴音器大聲念了一遍便條的內容。然後望著臺下，大聲喊道：

「誰寫的這張便條，請你馬上從座位上站起來，走上臺。」

沒有人站起來，所有的人心怦怦地跳，不知赫魯雪夫要做什麼。寫的人更是忐忑不安，心裡後悔剛才的舉動，想著一旦被查出來會有什麼結局。

赫魯雪夫又重複了一遍他的話，請寫的人站出來。

全場仍死一般的沉寂，大家都等著赫魯雪夫的爆發。

幾分鐘過去了，赫魯雪夫平靜地說：「好吧，我告訴你，我當時就坐在你現在的那個地方。」

面對著當眾提出的尖銳問題，赫魯雪夫不能不講真話。但是，如果他直接承認：「當時我沒有膽量批評史達林」，勢必會大大傷了自己面子，也不合一個有權威的領導人身分。於是赫魯雪夫巧妙地即席創造出一個場面，借這個眾人皆知其含義的場景來婉轉、含蓄地隱喻出自己的答案。這種回答既不失自己的威望，也不讓聽眾覺得他在文過飾非。同時赫魯雪夫創造的這個場景還讓所有在場者感到他是那麼幽默風趣，平易近人。

75 大智若愚

大智若愚法是一種善意，由於它富有人情味，很容易引起對方的同情心，所以會產生意想不到的交際效果。

大智若愚是以愚的形式來表達智的內容，屬於先抑後揚。先抑，可以使人形成一種思維定勢，即產生一種「你不行」的錯覺；後揚，則迅速打破了這種思維定勢，出人意外，令人驚奇。前後對比強烈，效果迥異，從而產生幽默的情趣。

精明人不可把自己的智慧放在臉上，而應當把智慧藏起來，因為理智與情趣是互相矛盾的，智慧愈是直接表述出來，愈是缺少精明之感。因此，為了取得精明的效果，往往需要假作癡呆，故作蠢言，這就是大智若愚的精明法門。

小寶是個聰明的孩子，雖然他的學業成績不算很好，但老師認為他處理問題有獨到之處，一次，老師約了一位心理學家來測驗他。

心理學家開門見山就問：「《羅密歐與茱麗葉》是誰的作品？」

小寶懶洋洋地說：「我怎麼會知道，像我這樣年紀的孩子是不會看莎士比亞的作品的！」

小寶的回答，就是大智若愚法。表面上看來，他好像沒有回答心理學家的問題，可是實際上他已經準確地回答了問題，這種方式在於巧妙地運用了邏輯矛盾來表現他的聰明。

美國第九任總統威廉・亨利・哈里遜出生在一個小鎮上。他是個很窮困、但很聰明的孩子。鎮上的人常常喜歡捉弄他，經常把一枚五分和一枚一角的硬幣扔在他面前，讓他任意撿一個。威廉總是撿那枚五分的。

有一天，一個婦女問他：「為什麼你不撿一角的？難道你不知道哪個更值錢一些嗎？」「我當然知道。」威廉慢條斯理地說：「不過，如果我拿了那枚一角的，恐怕他們就再沒興趣扔錢給我了。」

威廉撿錢用的也是大智若愚法，他只撿五分的硬幣似乎表現了他的「愚」，但他為了讓鎮上人有興趣扔錢給他，卻顯示了他的「智」。而這種「智」卻深藏在「愚」的表現形式中，看起來也就大智若愚了，正因如此，人們又禁不住要欽佩小威廉的機智和聰明了。

在現實交際中，適當地運用「大智若愚」的技巧，能增添談話的趣味，活躍談話的氣氛，並能充分表現他的才智和精明，使人對你產生好感，從而使你的人際易於成功。但是注意的是，運用這一技巧時，必須適可而止，水到渠成，切忌矯揉造作，否則，就會給人一種自作聰明，嘩眾取寵的賣弄之感，容易引起別人的反感，弄巧成拙，前功盡棄。

76 遊移其辭

交談時的含蓄和得體，比口若懸河更可貴。

說話含蓄，是一種藝術，同時也是精明的一大技巧。常言說：「言已盡而意無窮，含意盡在不言中。」含蓄表達法是把重要的、該說的部分故意隱藏起來，或者說得明顯，卻又能讓人家明白自己的意思，而且把精明寓於其中。

如果說話者不相信聽眾豐富的想像力，把所有的意思和盤托出，這樣不但起不了精明的作用，而且平淡無味、言語遜色、使人厭倦。因此，有的話不必直說，甚至把本來可以直說的話，故意用含蓄表達法表達，從而產生一種耐人尋味的精明效果。

含蓄表達法這種精明技巧，有一定難度，它要求有較高水準的說話藝術和高雅的精明語，它表現了說話者駕馭語言的功夫和含蓄表達精明的技巧，同時，也表現了對聽眾想像力和理解力的信任。

有個酒吧酒保，脾氣非常急躁，一天，有位客人來喝酒，客人剛喝了一口便叫：「好酸，好酸！」

酒保大怒，不由分說，把客人綁起來，吊在屋上。這時來了另一位顧客，問酒保為什麼吊人。酒保回道：「我酒吧裡的酒明明香醇甜美，這傢伙硬說是酸的，你說該不該吊？」來客說：「可不可以讓我嘗嘗？」酒保殷勤地給他端來一杯酒，客人喝了一口，酸得皺眉眯眼，對酒保說：「你放下這個人，把我吊起來吧！」

後一個顧客顯然機智地用含蓄表達法，精明地表達了酒酸，使酒保明白了酒的確非常酸。在現實生活中，這種運用含蓄表達法精明技巧的例子，經常見到。

下面我們看一個「含蓄表達」和「鋒芒畢露」對比的例子。

有一家家庭理髮店，門前貼著一副對聯：「磨刀以待，問天下頭顱幾許；及鋒而試，看老夫手段如何！」這副直來直去的對聯，磨刀霍霍鋒芒畢露，令人膽寒，嚇跑了不少顧客，自然門可羅雀。

而另一家理髮店的對聯則含蓄精明：「相逢儘是彈冠客，此去應無搔首人。」上聯取「彈冠相慶」的典故，含有準備做官之意，又正合理發人進門脫帽彈冠之情形。

含蓄表達法的精明技巧，有時是人們用故意遊移其辭的手法，既不背語言規範，又給人以精明之感。如有的演員自嘲自己長相差時說自己「長得抱歉」，「對不住觀眾」；店員遇到顧客買了商品未付款而準備走時，問一句：「我找你錢了嗎？」——大多數顧客會馬上回答：「啊，我忘了付款！」……這些都是絕妙的表達。

77 指鹿為馬

把白的說成黑的，從而產生反差，傳達另外一層真正要表示的意思，達到精明交流的目的。

人們之所以能心照不宣，原因是語言表層含義的不同，從字面上看，你是指鹿為馬，指白說黑，從深層意思上說你傳達了另外一層意思，這層意思雖不明言，但已了然於心，而其了然的程度比明白講出來更深，更能表現出精明感。

殺豬的和賣茶的打賭。

殺豬的說：「用鐵錘錘蛋錘不破。」

賣茶的說：「錘得破！」

殺豬的說：「錘不破！」

賣茶的不服氣，拿來一個雞蛋，用錘使勁打下去，雞蛋碎了。說：「這不是破了嗎？」

殺豬的說：「蛋是破了，可我說的是『錘』不破啊！」

這裡殺豬的用的就是指鹿為馬法，因為雞蛋很容易破是常理，賣茶的自然說錘得破，殺豬的偏偏抬槓，把不破的主體偷換成錘子，致使賣茶的上當。

再看一個廣泛流傳的現代幽默：

某工廠兩個工人在評論他們的廠長。

「廠長看戲怎麼總是坐在前排？」

「那叫帶領公司同仁。」

「可電影他怎麼又坐中間了？」

「那叫深入公司同仁。」

「來了客人，餐桌上為何總有我們廠長？」

「那是代表公司同仁。」

「可他天天坐在辦公室裡，機臺附近從不見他的身影，又怎麼講！」

「傻瓜，這都不懂，那是相信公司同仁嘛！」

誰都明白這兩位工人在心照不宣地指鹿為馬，指白說黑地諷刺他們廠長的工作作風。雖然顯得名不符實，很表現出他們的精明。

指鹿為馬是不科學的，但是如果不是有意欺騙，雙方心照不宣地名不符實，則能展現出精明。

英軍總司令威靈頓公爵在滑鐵盧大敗拿破崙後，凱旋倫敦，當時舉辦了一個相當隆重而盛大的慶祝晚會，參加這次宴會的有各界社會名流、貴族紳士，還有許多參戰的軍官和士兵。

晚宴的菜餚十分豐盛，末了，每一個人面前都擺了一碗清水。其中一名士兵竟大大方方地將這碗水端起來喝了一口，見此情形，在場的貴賓都竊笑不語。

原來這碗水是在吃點心之前用來洗手的，而這個農家出身的士兵哪裡懂得這種宮廷裡的規矩，因而出了笑話，當時那位士兵羞得臉通紅。

就在這個時候，威靈頓端起這碗洗手水站了起來：

「各位女士們、先生們，讓我們共同舉杯向這位英勇的戰士乾一杯吧！」一陣熱烈的掌聲後，大家舉杯同飲。

那位士兵和在場的每一個人都為威靈頓公爵的人品、作風而大為感動。

威靈頓公爵的指鹿為馬、將錯就錯，不僅為那位士兵解脫了困境，也表現了他崇高的人品和精明。

78 自我解套

如果我們能夠常常以自己可笑的地方，開開玩笑，一定可以贏得許多朋友的友誼。

因為你尊重別人，取笑自己，正表示你是把自己看做和朋友一樣處於同等地位。

美國著名律師曹特是一位善講自己笑話的人。有一次，哥倫比亞大學校長在他登臺演說時，先將他介紹給聽眾說：「他算得是我國第一位公民！」

曹特似乎很可以立刻抓住這個難得的機會，大模大樣地開著玩笑說：「諸位靜聽，第一位公民要開始演講了」。但是他如真那樣做，便是一個沒人瞧得起的傻瓜了。

那麼該如何說呢？他不但要利用這個介紹詞幽默一下，並且還要從中獲得聽眾的好感。他說：「剛才校長先生說的一個名詞，我起初有些聽不太懂。第一位公民——是指什麼呢？現在我才想到，大概他是指莎士比亞戲劇中常常提到的公民。這位校長先生一定是研究莎氏戲劇極有心得的人，他替我介紹時，一定又在想到他的戲劇了。諸位聽眾一定知道莎士比亞是常常把許多公民穿插在他的戲劇中，充任無關緊要的角色，如第一個公民，第二個公民之類，這些配角每人所說的話大都只有一兩句，而且多半是毫無口才，沒有高明見識的人，但他們差不多都是好人，即使把第一第二的地位交換一下，也根本不會顯示有何不同之處。」

這真是一篇聰明絕頂，竭盡幽默能事的妙論！他把校長先生替他戴上的高帽子，丟給大家去戴，顯示自己是與聽眾站在一樣的地位。同時他的言語措詞也是高人一等。如果他改用一種莊重的態度，簡括地說：「校長先生說我是第一位公民，大概是在說我是一個舞臺上的配角。」結果絕不會那樣生動有趣，使得聽眾笑顏逐開。

79 輕鬆戲謔

「出門觀天色，進門看臉色。」使用戲謔時特別講究適宜性原則。在某些場合下，它能充分地表現自己，而在另一些場合，它的表現則有可能會大打折扣。

戲謔是很有個性的一種表達方式，它貌似攻擊性很強，其實並無攻擊性；面對越是親近的人，攻擊性就越弱，通俗點說，戲謔就是開玩笑，更是帶有機智、哲理的玩笑，目的只為增加彼此的親切感。

因此，戲謔在親朋好友之間用得最多，對於陌生人，不管多麼巧妙，都會有些危險，有不禮貌之嫌。

有一次，幾個大學生爬山累了，坐在草坪上野餐，邊吃邊嘻笑，突然，一位滿頭大汗的胖小子跑來，也不作聲，伸手抓起了一隻燒雞腿吃了起來。

其中一個人忍不住問：「小胖，你認識我們中的哪一位？」

「認識……」胖小子指了指燒雞腿，「我認識它！」

大學生先是一愣，繼而大笑。不但無怨，再敬他啤酒一罐。

這位胖小子的言行，風險實在太大，但是他的戲謔卻幫助他在輕鬆卸下陌生人心房，主要原因是時機把握得恰到好處。在旅遊區裡，多數都是年輕人，大家愉悅歡笑，再加上他胖胖的長得討人喜愛，這些都是他有利的條件。如果換個地方，處在另一種環境，他也如此做，就可能自討苦吃。

關於戲謔，需要智慧、修養聯手合作，才見效果。

高先生很擅長恭維，某日，請了幾位朋友於家中一聚，他臨門恭候，等朋友們接踵而至時，一個個問道：「你是怎麼來的呀？」

第一位朋友說：「我是坐計程車來的。」

「啊，華貴之至！」

第二位朋友聽了，眉頭一皺，打趣道：「我是坐飛機來的！」

「啊，高超之至！」

第三個朋友眼珠一轉：「我是騎腳踏車來的。」

「很好啊，樸素之至！」

第四位朋友羞怯地說：「我是徒步走來的。」

「太好了，走路可以鍛鍊身體，健康之至呀！」

第五位朋友故意出難題：「我是爬著來的！」

「哎呀，穩當之至！」

第六位朋友笑著說：「我是滾來的！」

高先生並不著急，恭維道：「啊，真是周到之至！」

眾人一起大笑，高明的戲謔是純自我保護性的，幾乎無攻擊性，既戲謔了朋友，又沒傷害朋友，表現了他觸景生情、即興詼諧的才智。

戲謔性也可以有很強的攻擊性，對待知心朋友，尤其強烈，達到令對方幾乎無法承受的地步，其顯現的精明效果就越強。

張三：「喲，老王啊，一星期不見，我還以為你死了呢！」

王五：「啊，你為什麼這麼想呢？」

張三：「今天早上我聽到一個人說你的好話。」

張三詛咒王五「死了」，非常的粗魯，然後又曲折、含蓄地說有一個人說他的好話，這個似乎是好事，但一個人的好要是在死後才被人傳說，那個人生前想必不怎麼受歡迎。張三聽見有人說王五好話，戲謔王五以為他死了，意思就是虧他不得人緣，若不是死了怎麼會有人說他好話呢？話說回來，王五並沒有死，所以說王五好話的人是誠心誠意的，張三所戲謔的不是事實，這樣一個對比和反差，玩笑開得雖大，但還在能承受的範圍，王五不必放在心上。

情人之間互相戲謔、拌嘴是常有的事，但是，這種戲謔要高雅卻不是一件容易達到的事。

戲謔在情人之間多是一種無傷大雅的噱頭，用於互相揶揄，有時帶點攻擊性，但一定要有非常準確的分寸感。因此，最好是純調笑性的，充分地展現智慧和情趣，以期達到溝通心靈的目的。

季強和美玉是對兩小無猜的小戀人，他倆因學區不同不能常見面，今天通了電話。

季強：「美玉，我送給妳的小貓，它現在怎麼樣啦？」

美玉：「季強，難道你真的不知道嗎？」

季強：「我們很久沒見了，我怎麼知道？難道牠死了嗎？」

美玉：「沒有。」

季強：「那牠跑了？」

美玉：「沒有。」

季強：「妳把牠送給朋友了？」

美玉：「沒有。」

季強：「那麼，我不明白。牠現在到底怎麼啦？」

美玉：「牠和我一樣長大了，已經長成『大女孩』了。」

對戀人送的一隻貓，本來什麼事也沒有，卻讓對方的推理一次次失望。由於女孩開始故弄玄虛，語言模糊，引對方疑心，最後上了她的圈套。最終的意思是說：「我也像小貓一樣長大了，需要你更多的愛。」

女孩的戲謔是帶有情愛的心理表現的，是愛給了她智慧。如果他們之間沒有愛，就無這種情趣存在。可見，戀人間的戲謔，愛得越深，越可盡情發揮，進而增加彼此間的愛。

80 層層剝筍的說話技巧

循序漸進，把握脈絡，把道理說透。

色諾芬尼的《回憶錄》中，有一段關於蘇格拉底和歐西德的對話。

歐西德：「我生平所做之事，有無「不正」的？」

蘇格拉底：「那麼，你能舉例說明什麼是「正」，什麼是「不正」嗎？」

歐西德：「能。」

蘇格拉底：「虛偽是正還是不正？」

歐西德：「不正。」

蘇格拉底：「偷盜呢？」

歐西德：「不正。」

蘇格拉底：「侮辱他人呢？」

歐西德：「不正。」

蘇格拉底：「偷竊敵人而侮辱敵人，是正還是不正？」

歐西德：「正。」

蘇格拉底：「你方才說侮辱他人和偷竊都是不正，現在又何言正呢？」

歐西德：「不正只可對敵不可對友。」

蘇格拉底：「假如有一將軍見其軍隊士氣頹廢，不能作戰，他便欺騙他們，說『援軍將至，勇往直前吧！』因此，他的軍隊大獲全勝，這是正還是不正？」

歐西德：「正。」

蘇格拉底：「小孩生病，不肯吃藥，父親騙他說『藥味很甜』。孩子吃了，救了性命，這是正還是不正？」

歐西德：「正。」

蘇格拉底：「你說不正只可對敵，不可對友，何以現在又可以對友呢？」

歐西德：「……」

在這裡，蘇格拉底便是運用層層剝筍的辦法，一步步說出歐西德邏輯上的錯誤，最終使他無言以對，不得不佩服蘇格拉底。

生活中，在某些場合，你不妨運用層層剝筍法，循序漸進，把握脈絡，把道理說透，不由得對方不服。

81 說服就像剝洋蔥

凡事都要由淺至深，循序漸進，步步為營，逐漸推進，說服時亦然。

一九二一年，美國西方石油公司董事長兼總經理哈默聽說蘇聯實行了新經濟政策，鼓勵外資進駐，就想把自己公司的業務範圍擴展到蘇聯這個龐大的國外市場。他想，目前蘇聯最需要的是消滅饑荒，得到大量的糧食，而此時美國正值糧食大豐收之際，一美元可買到三十五點二四斤大米。農民寧肯把糧食燒掉，也不願以這樣的低價送往市場出售。而蘇聯盛產毛皮、白金、綠寶石，這些正是美國市場急需的，如果能交換雙方的產品，豈不是要大賺一筆？哈默打定主意，便來到了蘇聯。

哈默到達莫斯科的第二天早晨，就被召到列寧的辦公室，列寧和他作了親切的交談。糧食問題談完以後，列寧對哈默說：

「先生，不知你對在蘇聯投資、經營企業有無興趣？」

哈默聽了，默不作聲，面無表情。

因為，當時西方對蘇聯實行的新經濟政策抱有很深的偏見，作了許多惡意宣傳，使許多人把蘇聯看成可怕的怪物。到蘇聯經商或投資辦企業，被人稱作「到月球探險」。常言道：眾口鑠金，積毀銷骨。哈默雖做了勇敢的探險者，跟蘇聯做了一筆糧食交易，但對在蘇聯投資辦企業一事，還是心存顧慮。

列寧看透了哈默的心事。於是，他講了實行新經濟政策的目的：

「我們實行新的政策，目的是為了發展我們的經濟潛能。我們歡迎所有的朋友到這裡投資，並給予優惠，我以官方的名義擔保你們不會受到任何人為的損害。」

哈默還是不語。

列寧看出他還是心存疑慮，便接著開展心理攻勢：

「你放心，我們的政府不僅不會給你增添任何麻煩，還會向你提供任何幫助。」

列寧看到哈默的眼神中還流露出不放心的意思，就索性把話說的一清二楚：

「我們都明白，我們必須確定一些條件，保證我們有利可圖，商人不是慈善家，除非覺得可以賺錢，不然只有傻瓜才會在蘇聯投資，你說對吧，哈默先生？」

就這樣，列寧終於說服了哈默，不久之後，哈默成了第一個在蘇聯經營企業的美國人。

列寧對哈默的不解和疑惑，像剝洋蔥一樣逐層加以分析、解釋，循序漸進，說理透徹，使得哈默解除疑慮，最終在蘇聯投資。

運用層層剝洋蔥法時，要注意幾個問題。

首先，你要明白「剝洋蔥」的最終目的是什麼，而後在「剝」的過程中緊緊圍繞這一目的，也就是說，你每一步都是為最後的目的服務的，不涉及最終目的或者與最終目的僅僅是有些牽連的問題最好不要涉及。

其次，在「剝」的過程中要有層次，即要循序漸進。前一步是為下一步服務的，中間不能有脫節，否則就給人一種牽強附會、強拉硬扯的感覺。

總之，層層剝洋蔥法的運用要靠你在實踐中慢慢去領悟，只有不斷實踐，才能熟練地運用，才能達到目的。

82 答覆記者的提問

「狗仔隊」是讓你成神的輔助器，也是讓你變成鬼的催化劑。

記者會是政府部門、企業、團體向公眾宣布重要事項、傳達重要資訊而邀請記者們參加的重大社交活動，主要目的是借助大眾傳媒傳遞資訊，樹立形象。在記者會上，如何應付記者的提問是整個活動的中心環節，也是展現主要發言人靈活機智應變能力與非凡口才的關鍵。

應答記者提問的方式大致有以下幾種：

(1)正答

正答，即正面回答。對一些正常的記者提問，可以正面回答的應如實作正面回答。例如國際大導演李安在新片的發表會上，面對中外記者的訪問，充滿自信，胸有成竹，能正面回答的問題盡量正面回答，以誠信當先，贏得了中外記者們的好評。

(2)巧答

巧答，即巧妙回答。有以下幾種方法：

①順勢而答：即順應提問的話題，給以巧妙的回答。

②以問代答：即用反問代替回答。

在一次電視採訪中，有一名作家，遇到了記者刁鑽的提問：「沒有戒嚴時期的白色恐怖，可能不會產生你們這一代作家，那麼白色恐怖在你看來，究竟是好還是壞？」作家先是一怔，馬上意識到這是一個「陷阱」，作肯定或否定回答，都會落入記者的圈套。他靈機一動，立即反問道：「沒有第二次世界大戰，就沒有以反映第二次世界大戰而著名的作家，那麼您認為第二次世界大戰是好是壞？」

這個回答非常巧妙，針對怪問就用怪答的方式，把球又踢給了對方，令對方無言以對。

③模糊應答：即用模糊語言回答記者的提問。

某兩鄰國發生邊界武裝衝突，在新聞發言人舉行的記者會上，有記者問政府對這種衝突有何看法。由於不便對該衝突事件作出評論，發言人使用了模糊語言對事件作出反應：「我們對雙方邊界衝突深表關注，我們希望雙方本著和平共處五項基本原則，本著相互體諒、協商的態度解決糾紛。」

這裡使用的「關注」一詞只是表明政府知道了這件事，並沒有表達自己支持哪方、反對哪方的觀點，因而使自己在調解衝突中占有主動權。

④避而不答：即採用巧妙方式，拒絕或迴避回答對方的提問。

⑤類比回答：即通過類比或比喻的方法答問。

在某公司舉行的一次法說會上，一位記者問：「聽說你們公司負債累累，有兩千萬美元的資金缺口？」該公司總裁聽後哈哈大笑，回答記者說：「我的一位競爭對手說我將跳票四千萬美元，不久公司就會倒閉。你聽說了嗎？」在這裡，總裁不就事論事，而是用一位競爭對手的明顯是不懷好意的話作為類比，含蓄地暗示了記者所聽說的不過是無稽之談，從而否定了記者提出的問題。用這種類比或比喻的方式作肯定或否定的回答，更形象生動，也更具說服力。

83 幽默帶來歡樂

適時幽默，是演講爭辯時極其佳妙的武器，它能使你一鳴驚人，但如用錯便易傷人感情，被人看做一種惡毒的諷刺，後果將不堪設想。

當你與人爭辯一件事時，幽默常常能夠使你獲得驚人的勝利。

美國的約翰•愛倫競爭一場極艱難的國會選舉時，就會因為用了幾句幽默的話，而獲得最後的勝利，並揚名全國。

那時與愛倫競爭的對手，是一位與他旗鼓相當的人物陶克將軍。這位陶克將軍曾在內戰時有卓著功勳。並曾任過數屆國會議員。

當競選時，陶克將軍在演講的結論裡說：「諸位親愛的同胞，記得就在十七年前的昨夜，我帶兵在山上與敵人經過劇烈的血戰，在山上的樹叢中睡了一晚，如果諸位沒有忘記那次艱苦卓絕的戰績，諸位在預選時，請不要忘記吃盡苦頭、風餐露宿的那個具有偉大戰績的人！」

這種演講辭，在當時最能打動人心，但是愛倫卻能夠在眼看對手快要成功時，用幾句輕鬆言詞把他那篇演講的功效一筆勾消，使自己穩操勝券。

他說：「同胞們！陶克將軍說得不錯，他確是在那場戰爭中享有盛名。但那時我在他手下當一員無名小兵，代他出生入死、衝鋒陷陣還不算，當他在樹叢中安睡時，還曾攜了武器，直立荒郊，飽嘗寒風冷露保護他。諸位想起那時的情景，如果是同情陶克將軍的，當然應選舉他，反之，如果同情我的，我或可對於諸位的推選當之無愧！」幾句話說得聽眾心感神服，不久，便把他擁進國會。

愛倫在國會奉公守法，還會常常運用幽默排解種種艱難的問題。一次，他想在國會發表一篇演講，但被一議員所拒，於是他立刻裝出一副哭喪臉，抽噎地說：「雖然你們拒絕我說話，但是請你們在會議的記錄上代我再插入幾聲歡呼喝采，我想這一點小小的要求，總不會也被你們拒絕吧？」一番話說得全體議員們禁不住哄堂大笑。本來愛倫之所以演講，是為了要修改會議記錄，那位議員的拒絕，是根據國會法律。但是現在他即說出這樣雋永的言詞，便使人覺得並無堅持那條法律的必要，於是一致通過愛倫發表那篇演講。

愛倫在演講終了時，又使用他的幽默手腕，得到世人格外愛戴。他在結尾時說：「議長！我已經把我所持的理由全盤托出，對不對由你們去評判，現在我要回休息室，去愧受朋友們的賀辭了。」這真可說是一段千古罕見、妙不可言的演說結尾，他充分表現了演出者的堅定自信，因此，博得全席的不少掌聲。

84 字詞拆合妙趣橫生

加減乘除，只要用得巧妙，也是別有情趣。

語言之所以能夠促成妙趣橫生，不外乎幾個特點：一是它往往有一語多義、一義多語的情況；二是語言中音同字不同、字同音不同的情況。諳熟語言技巧的人往往抓住語言的上述特點，或是變換場合，或是強作扭曲，引人聯想，從而產生妙趣橫生的效果。

字詞拆合是從語言的組合和結構特點入手，並兼用上面我們提到的語言的其他兩個特點，以個別字、詞的拆離或組合為手段造成歧義，從而構成妙趣的技巧。

有位少婦她的丈夫有很多優點，但有一項大毛病，那就是懶，要他幫忙做點事時，他總是滿臉痛苦的樣子。

有一天，少婦實在對此忍無可忍了，於是質問他：「你到底是懶，還是有病？如果是懶，從今天起必須分擔一部分家務；如果有病，我寧願侍候你一輩子！」

他笑嘻嘻地回答了兩個字：「懶病。」

丈夫不願做家務，引得賢內助滿腹牢騷，終於決心給他一次「最後抉擇」的考驗。看上去兩人之間劍拔弩張，非大鬧一場不可了，但丈夫卻靈機一動，巧妙地化解了一場口舌之爭。

丈夫斷章取義，從妻子所提出的前後兩條「建議」中分別抽出了兩個字：「懶」和「病」，使其意義與原來截然不同了。

按常規處理辦法，面對妻子二者必居其一的要求，許多人為了挽回「一家之長」的「面子」，一定要跟妻子爭個上下輸贏來。但這是一種最不可取的做法，常言說得好，「家不是講理的地方」，的確，在家庭中應該講愛，講夫妻之間的體貼和關心。另外一些稍微明智一些的人立即會察言觀色，作出妥協，以換得夫妻感情上的融洽。

但最上策則莫過於上面提到的那位丈夫了，「懶病」二字道出一種令人無可奈何的狡黠，讓火冒三丈的妻子一下子火氣全無了，這樣不是更進一步增強了夫妻之間的友好和默契嗎？

上面這位朋友的丈夫採用的就是典型的字詞拆合的語言技巧。在應用中，拆未必一定要和合聯繫在一起進行，「一步到位」的簡單拆離同樣可以起到妙趣橫生的效果。

字詞拆合的運用是對一個人應變能力、文化素質等綜合因素的一種考驗，因而具有較高的難度。冰凍三尺非一日之寒，只要我們能不斷地從生活和書籍的海洋裡汲取知識，就一定會在看似平淡無奇的一字一詞中發掘出智慧的光芒！

第 六 章

親密關係

85 譏笑他人徒惹禍患

不要逞一時口舌之快，開惡毒的玩笑，或把嘲諷當樂趣，得罪人、招致災禍往往就在一句不經意的話之間。

民國八十二年，新北市土城蕭崇烈一家三口滅門血案，在警方鍥而不捨的查緝後，宣告偵破。凶嫌鄧笑文被捕後，坦承因受經營堆高機生意的蕭崇烈「譏諷」而萌生殺機，並在行兇後擔心事情敗露，而再殺其妻女滅口。

鄧笑文在自白中坦誠，兩個月前，死者蕭崇烈用話刺激他、恥笑他，並用手指指他胸前，笑他「沒什麼用」，開堆高機那麼久了，仍然是「給人請（聘僱）」，不像他自己開堆高機沒多久就當了老闆。對這樣的「譏諷」，鄧笑文懷恨在心，後來蕭某只要與他碰面，就不斷嘲笑他，以致使他萌生殺人洩恨之心。

據警方表示，凶嫌鄧笑文心智健全，但因受到對方不斷的譏諷和嘲笑而殺人，成為歷年來滅門血案的特殊案例，頗值得警惕。

古人早有明訓：「言語傷人，勝於刀槍。」許多人常以「嘲弄」他人為樂子，也有部分綜藝節目的主持人，戲稱未能在比賽中過關的來賓「笨」，或嘲笑比賽者的長相「醜」。有些雖然是屬玩笑性質，但總是不妥，畢竟「尖酸刻薄」、「有失厚道」的言事批評，會使聽者產生不悅；嚴重的，正如滅門血案的被害人一般，遭到殺身之禍，後悔莫及。因此，古人說：「喪家亡身，言語占八分」，似有其道理，真是叫人不得不謹慎。

法國巴黎有一名「美食專欄作家」，經常在文章中特別讚譽某些餐廳，或嚴辭批評某些餐廳的菜餚。有一次，此專欄作家在專欄中對一餐廳的菜色做出「像豬食」的評語，激怒了餐廳老闆。該老闆事後特別再請此美食專欄作家去試吃「精緻美味的佳餚」，不料美食專家吃完後臉色大變，暈倒在地，送到醫院前氣絕死去。餐廳老闆被警方逮捕收押後，坦承「設毒宴」下毒，他說：「批評我們的美食像豬食的人都該死！」

這真是叫人瞠目結舌，言詞過於尖酸刻薄，批評太過分，很容易「惹禍上身」。

事實上，不管是男人或女人都一樣，被不中聽的話激怒，都可能會情緒失控，而口出狂言，大打出手。宜蘭縣頭城鎮有兩家相鄰的家具行，因同行競爭而相忌，又因轎車被刮傷而引起言語衝突，於是兩家除了動口怒罵、動手狠捶互毆外，又用口「互咬」。結果，四十一歲的林先生鼻子被咬落於地，他忍著疼痛拾起半截鼻子，趕至羅東博愛醫院求救縫合，另一方是五十三歲的許先生，也在「口齒互咬大戰」中，下巴被咬下一塊肉，鮮血濺滿臉孔和家具，也痛苦萬分地趕赴醫院縫了十多針。

「大禮不辭小讓」，做大事的人哪顧得了那些雞毛蒜皮的小事？錯矣！

86 避免否定對方

如果常在言談中「否定對手」則會令對方難堪、生氣，甚至產生言語和肢體上衝突。

琪慧漂亮大方又有人緣，結婚當天賀客滿堂，眾人認為新郎新娘兩人「郎才女貌」，真是天作之合，一定可以永浴愛河，白頭偕老，而琪慧也非常高興，擁有了如意郎君。婚禮進行時，琪慧透過頭紗，偷偷地斜瞄了一下英俊體貼的老公，不禁感到欣喜與滿足，心想不久就將展開人生的新旅程。

不料，婚後一個月，琪慧開始覺得生活上不盡如意，也不若婚前想像那麼如王子公主般美好。她過去習慣在如廁後，將衛生紙丟入馬桶旁的小垃圾桶，可是老公卻堅持可以丟進馬桶內沖掉。兩人竟為了這個小問題爭得面紅耳赤。有次一吵吵了一個半小時，兩人各持己見、互不相讓時，老公竟然大男子主義地脫口而出：「說妳錯了，妳還不承認？！」琪慧氣不過，委屈地跑回娘家住了兩天。

雖然琪慧覺得老公很健談，有時說話也帶幽默，但是有時卻也令她感到很不是滋味。譬如，有一次，朋友來家裡拜訪，老公在聊天中竟對朋友說自己：「別的情侶、夫妻是彼此看對眼，我呀，我是看走眼了！」琪慧聽了，氣得白他一眼，一個人走進廚房生悶氣。

儘管事後老公解釋說，那些話只是「開開玩笑」而已，但琪慧覺得非常不舒服，不解為什麼每次老公都是以「否定別人」來開玩笑？在家裡老是一副「只有他是對的」的樣子，動不動就說「你看你，這麼笨，連這麼簡單的事都不會」、「哎呀，你們女人不會懂的啦！」

人最怕莫名其妙地被人家「否定」，比如這句話——「說你錯了，你還不承認」，這不僅是「否定」，還是「雙重否定」，說的人自以為是地洋洋得意，聽者怎麼不會怒氣衝天、恨意滿肚。還有更令人無法忍受的「三重否定」——「說你錯了，還不承認，你給我閉嘴！」如果再加上一句「你去死啦！」那就變成「四重否定」了；還有人更可惡，接著再說：「你去死啦，死了也沒有人幫你哭！」加碼到「五重否定」了。

其實，有些玩笑語的確是脫口而出，但是「言者無心，聽者有意」，玩笑式的「否定」說多了，聽的人情何以堪。尤其是「雙重否定」、「三重否定」，更是嚴重傷害對方的基本自尊，造成萬般委屈。

87 面對批評，回應批評

有些批評是真正有益於自己，有些批評需要禮貌性地應付，更有些批評聽都不用聽！

批評人的人往往認為自己是對的，被批評的人往往不認為自己是錯的。那如果自願做那個「不對」的人呢？

美國心理勵志大師卡內基先生多次講到這個故事：

「在很多年以前，我所開設的成人教育班和示範教學課時，有一位紐約《太陽報》的記者來採訪這些課程。他毫不給我留情面，不斷地在文章裡攻擊我的工作和我。我當時真是氣壞了，認為這對我是極大的侮辱，不能容忍。

後來我打電話給《太陽報》執行委員會的主席古斯•季塔雅，特別要求他刊登一篇報導，澄清事實真相，為嘲弄我的事道歉，我下決心要使這個無理的記者受到應得的處罰。

現在我為當時的舉動感到慚愧。我如今才了解，買那份報紙的人大概會有一半人不會看到那篇文章，看到文章的人裡面又有一半會把它只當做一件微不足道的事情來看待；而真正注意到這篇不利於我的報導的人中，又有一半會在幾個禮拜後就把這件事情忘得一乾二淨。」

卡內基由此得出一個重要的結論：雖然阻止不了別人對你做不公正的批評，但有件重要的事你做得到，決定是否要讓自己受到那些不公正批評的干擾。

面對批評，在回應之時，要把握好以下原則，分辨出：哪些批評聽都不要聽，哪些批評需要禮貌性地應付，哪些批評是真正有益於自己的。

美國心理學家馬斯洛的人格理論中，道出五個層次的個人「基本需求」：從最低階的「生理」、「安全感」、「愛與被愛」至更深人內心的「受人尊重」與「自我實現」；每個人都需要從他人言語中得到認同、肯定、讚美，增強「自我價值」感與「自我尊嚴」感。一味地批評、否定對方，既刺傷對方的自尊，更會對彼此的情感造成無可抹滅的裂痕。

88 嘮叨對家人沒有幫助

感冒生病就算不吃藥，過段時間自然就會痊癒，犯了嘮叨的毛病則不然，一旦發作，將令全家人無法安寧。

有位母親為了她十三歲的獨生子找上心理醫師，她很苦惱，希望心理醫師無論如何想辦法幫幫她的兒子。她說兒子很聰明，但學校成績卻總是不及格，成績單上關於學習態度以及同儕關係的評語也不好。母親抱怨說，兒子放學後一回到家就窩在電視機前面，任母親三催四請也不肯寫作業溫習功課，不是推說沒有作業，就是說在學校做完了。孩子的父親是一名駐外商務人員，時常外出旅行，和兒子關係很疏遠。把管教孩子的責任全推給妻子，因此也不了解她面臨的困難。

心理醫師對這孩子及家裡情況大致了解之後，就約他談談。初次見面，就感到他是個特別的孩子，不同於一般第一次見面的孩子，大部分的孩子都很拘束、靦腆、害羞，必須先花時間閒聊，以排除緊張羞怯的心情。但是這男孩一見到心理醫師，就跳起來熱烈地握手，就好像醫師是他多年的老朋友似的，然後輕快地隨醫師走入辦公室，在醫師還沒來及開口問他時，已經開始滔滔不絕地說出他的問題。

他說：「醫生，您聽我說，您一定得幫幫我媽媽！我實在忍受不了，她再繼續嘮叨下去的話，我只好逃走。我不知道她對您說了些什麼，但是您知道嗎？她從早到晚嘮叨個沒完。我在家裡一刻都不得安寧。我在浴室刷牙，她在客廳叫道：『不要忘記關燈！』我開冰箱時，她說：『不要忘了關上！』在家裡我沒有一件事可以清靜自在地做。每天都是：『你到哪兒去？去洗手！不要和某某人在一起，他不是好東西！不可以！你為什麼要買那張ＣＤ？零用錢怎麼隨便亂花？去刷牙！你的臉怎麼那麼蒼白！抬頭挺胸！』」

「如果沒有什麼事可挑剔，她就提我的功課。我從學校回來一踏進家門，門都還沒關上，她就叫道：『你不覺得應該先去作功課嗎？』我一氣之下，就偏不做功課，不讓她稱心如意！醫生，我知道我還算聰明，也希望把書念好將來上大學，但是我不要由母親來控制我的每一次呼吸，能對付她的唯一辦法就是不念書，因為她會比我還著急。」

母親的本意是苦口婆心要教導兒子刻苦、用功、發揮他的才能。但是潛意識裡並不一樣，嘮叨的母親其實是害怕兒子長大，希望他永遠是個小寶寶，一切都需要她照顧，都由她來控制。

在心理醫師的開導下，這位母親原本不承認自己有這樣潛在的動機，後來慢慢能接受，收斂起自己嘮叨的行為，兒子也開始能自動自發地努力讀書，為母親爭光。

⑴訂立規則

的確，很多時候，在家庭生活中訂立規則可以解決夫妻之間的衝突：

有一對夫妻常為週末的活動而爭吵。妻子厭倦了天天待在家裡，希望能到外面吃吃飯、跳跳舞；而丈夫則對應酬厭煩，希望能在家裡享受寧靜週末，聽聽音樂、看看書、玩玩牌。為此，十幾年來衝突不斷。後來丈夫提議，雙方輪流負責計劃週末的活動，妻子安排一週，丈夫安排下一週。這個辦法不只是效果絕佳，並且也幫助他們解決了其他問題。體貼丈夫的一週工作的辛勞，妻子常建議留在家裡；而輪到丈夫作決定時，又常決定出去玩，給妻子驚喜一番。

⑵分辨輕重緩急

其次，解決嘮叨的第二步是，看看自己是否有事事嘮叨的情況，如果是的話，就要學會辨別輕重緩急，強迫自己忽略不重要的小事，把焦點集中在對重要的事訂立規則，以除掉不好的行為，同時除掉嘮叨。

⑶具體溝通

第三步就是分析溝通過程，溝通一定要清楚具體，避免含糊不清。千萬不要接受：「我等一會再做」或「我有時間再做」的回答，這種回答最容易引起嘮叨。比如家事，要明確要求在某個時間內完成，並說明否則將會有什麼後果。注意父母要以身作則，給孩子樹立一個好榜樣。

⑷開家庭會議

其四，要常常開家庭會議，或小型討論會。利用這個機會來討論哪些事情要做，應在什麼時間做等等，並檢討拖延未做的事，注意父母要以身作則，給孩子樹立一個好榜樣。

⑸尋求專業醫師協助

其五，檢查一下夫妻之間或父母子女之間的關係是否已到了惡化的地步，是的話，光靠前面幾種方法來解決嘮叨還是沒有用，必須借助心理治療或心理輔導，以解決根本問題。

(6)用悄悄話

最後，這是最實用的一點，在孩子耳邊用悄悄話告訴他要做什麼事，通常很有效。這種舉動顯示出一種生活上的親密感，讓孩子覺得心理很舒服。有時候也要給他留點面子，不要當著兄弟姐妹的面說他。同時孩子對這種「祕密資訊」很感興趣，也能增加他的自我重要感。

89 爭吵內容要有建設性

兩人共處的時間長了，就算是恩愛夫妻也難免會遇到不快的事，總有相互頂撞的時候，如果不想損傷對方的自尊心，你就必須學會說：「對不起」。

在日常生活中，我們有時會遇到這樣的情形：一些夫妻動輒發怒，事後又不分析原因，不設法解決；然而也有許多夫妻對彼此頗有微辭，卻一味忍耐，避免任何口角和衝突，以為這樣子夫妻關係就會良好，這其實猶如婚姻上的「慢性自殺」。

回頭看看，相敬如賓的二人世界，關係的確「好」，但之間卻感受不到溫暖，也少有愛情的火花迸發。因為他們忽略了這樣一個事實，所有的家庭都存在著一定程度的矛盾，你的配偶不可能每時每刻都對你充滿柔情蜜意，彼此希望滿足某些要求是合理的——只要這些要求不苛刻就行。

正確的做法應該是，既認識到偶爾的生氣和衝突是一種正常現象，又注意保護你應該具有的「權利」。

夫妻吵架無輸贏之分，誰是誰非不可能明明白白，有時只不過是做某一個「選擇」，而這個「選擇」往往來自一方的讓步。

懂得了吵架的藝術，夫妻就能雖吵猶親，愛情的鎖鏈也將越來越緊。怎樣才能做到這一點呢？

⑴**允許對方偶爾生氣**：如果你能了解相互愛慕的一對夫婦將不免會有嫉妒、煩惱和生氣的事情發生的話，那麼當這些情緒來臨時，就不會驚慌失措，因為這並不意味著他或她已經「沒有感情」了。也許你的配偶是因為上司的緣故而情緒低落，沒有向你表示纏綿之情，但即使這暫時的不快不是你的過錯，你也應該問：「親愛的，我做了什麼事惹你生氣了嗎？」如果回答是否定的，你可以再問：「那麼，我能為你分憂嗎？」如果對方不需要，你就不必打擾。要知道，這些問候是你給予的最好的安慰。

⑵**以冷對熱**：以冷對熱的關鍵，就是你吵我不聽。在一方感情激動、控制不住自己的時候，任他發火，任他暴跳如雷，不去理睬他。「一個巴掌拍不響。」一個人吵，就吵不起來，

等他情緒平和以後，再和他慢慢說理，他就容易接受。

⑶**說話要有分寸**：即使忍不住爭吵，說話也要有分寸，不能說絕情話，不能譏笑對方的缺陷或揭對方的「傷疤」，更不能在一時氣憤之下，不計後果，破口大罵。比如有人吵架時言語不留餘地，說出：「你是不是問得太多了？」、「我要你怎麼做就怎麼做！」、「你受不了可以走啊。」等等，這類話咄咄逼人，很容易引發更大的衝突。

⑷**直接表達自己的期望**：如果二方想表達自己某種強烈願望，最好直說「我想……。」比如妻子責怪丈夫好久未帶自己去餐廳，她就不妨直說：「我想今晚到外面吃飯。」而不要說：「你看大偉每周至少帶妻子去一次餐廳，而你呢？」

⑸**就事論事**：為了哪件事吵，談清這件事就行了，不要「翻舊賬」，也不要無限擴大。不要隨便給對方扣什麼「自私」、「無可救藥」、「卑鄙無恥」等帽子，否則，就把事情弄得太嚴重了。另外，對事情也切忌擴大化，如果從這件事又提及以前的事，從對配偶不滿又拉扯到對方的父母兄弟姐妹身上去，就會把事情弄得越來越複雜。

⑹**主動退出**：不少夫妻在爭吵過程中，總有一種心理，就是都要以自己「有理」來壓服對方，結果誰也不服誰，反而越說越有氣。其實，夫妻之間的爭吵，一般沒有什麼原則問題，許多是非非糾纏在一起，也不易分清，特別是在頭腦發熱、情緒激動時更不易講清。如果爭吵到了一定時間和一定程度，發現這樣下去還不能解決問題，那麼有一方就要及時煞車，並提

示對方休戰了。這並不是屈服、投降，而是表示冷靜、理智。比如可以用幽默打破僵局，或者乾脆嚴肅地說：「我們暫停吧！這麼吵也解決不了問題，大家冷靜點，以後再說。」之後，任憑對方再說什麼，也不再搭腔。

90 話要說得精確達意

自己認為是一句妙語，可說出來也許令聽者很掃興，其結果當然使自己難以下臺階，為什麼會產生這種結果呢？就是語意被誤解。

阿偉打算為新交的女友小蘭買件生日禮物。他們交往時間不長，經過仔細考慮，認為送一副手套最恰當不過，既浪漫又不顯得過分親昵。

下午，阿偉去百貨公司為女友買了一副白色的手套，請女友的妹妹小麗轉交給姐姐。小麗自己買了一條內褲，回家的路上，小麗把兩件物品弄顛倒了，結果送給小蘭的禮物變成了內褲。

當晚，阿偉一回到家裡就接到了小蘭的電話：

「你為什麼買這樣的禮物送我？」

沒有聽出來對方的怒氣，阿偉的興致高昂，說起話來空前流利，根本不等小蘭說完：

「小蘭，我之所以選了這件禮物，是因為據我觀察，晚上妳和我出門時總是沒有用它，我沒有為妳買長的，因為我注意到小麗用的是短的，很容易脫下來。它的色調很淺，不過，專櫃小姐讓我看她使用的同款商品，她說已經三個星期沒洗了，但一點都不顯髒。我還讓她當場試了試妳的，它看上去非常漂亮……」

「神經病！」

等待對方誇獎的阿偉猛然聽到這三個字，當下錯愕，愣在那裡說不出話來……

為什麼戀愛的雙方會有誤會？粗心的小麗固然有一定的責任，但是當事人雙方交談不明確恐怕是主要原因。在電話中，雙方都以為自己話中的「禮物」非常明確，所以，都沒有說出來，結果鬧出了笑話。

社會是由形形色色的人所聚集成的，每個人的立場不同，工作性質也不一樣。在這眾人聚集的工作場所裡，總會發生一些意想不到的誤解，甚至是摸不著頭緒的糾紛。

當遭人誤解時，工作要進行就會困難重重，夫妻生活也會失去和諧，不但是自己的損失，還會影響到家庭的幸福，甚至團體的利益。

所以，必須具備一套化解誤會的說話術。這裡首先談談造成誤解的幾種原因。

⑴言詞不足：有的人不管是在表達資訊，或者說明某些事情時，常常在言詞上有所缺失，結果弄得只有自己明白，別人一點也弄不清真相，這種人就是缺乏「讓對方明白」的意識，以致容易招來對方的誤解。比如，李大爺新買了一頭驢子放在家裡馱貨品，不幸的是，不到幾天驢子就死了。由於李大爺正巧出城到京師辦事，於是管家派人帶信給李大爺：「驢子已死。再買一頭，還是等你回來？」李大爺一看氣得七竅生煙。如果改成「驢子已死。再買一頭驢，還是等你回來再買？」就不會鬧笑話了。

⑵過分小心：有的人不管什麼事，都顧慮過多，從不發表意見。因此，個人的存在感相當薄弱，變得容易受人誤會。這樣的人總希望對方不必聽太多說明就能明白，缺乏積極表達自己意見的魄力。對於這種類型的人而言，含蓄並不是美德，這一點要深刻反省。

⑶自以為是：這一種人是頭腦聰明，任何事都能辦得妥當，但是卻經常自以為是，我行我素。即使著手一件新工作，也從不和別人照會一聲，只管自作主張地工作。這麼一來，即使自己把工作圓滿完成，上司及周圍的人也不會感激。

⑷外表的印象不好：人對視覺上的感受印象非常深刻，雖然大家都明白「不可以貌取人」，但是，實際上雙眼所見的形象，往往成為評判個人的標準，這個印象可能是造成誤解的原因。如果讓周圍的人有了不好的印象，且造成誤解，若不早點解決，恐怕不好收拾。

⑸欠缺體貼：縱然只是一句玩笑話，但若造成對方的不快，恐怕也會導致意想不到的誤

解。甚至是一句安慰、犒勞的話，如果對方接受的方式不同，也可能變成誤解。因此，在說話之前，一定要先考慮對方的狀況以及接受的態度。

那麼，怎樣才能盡量使自己的話不被誤解呢？

(1)勿隨意省略主語：從現代語法看，在一些特殊的語境中，是可以省略主語的。但這必須是在交談雙方都明白的基礎上，否則隨意省略主語，容易造成誤解。

一個週末午後，百貨公司男裝部裡，一個年輕人正急急忙忙地挑帽子，專櫃小姐拿了一頂給他，他試了試說：

「大，大。」

專櫃小姐便找出小一號的帽子，一連換了四五種尺寸的帽子，他都嚷著：

「大，大。」

最後，專櫃小姐生氣了：

「已經是最小號了，你為什麼還嫌大？」

年輕人結結巴巴地說：

「頭，頭，我是說我的頭太大。」

專櫃小姐無言以對，旁邊的顧客紛紛轉過頭竊笑。造成這種狼狽情況的原因，就是這位年輕人省略了他陳述的主語：「頭」。

⑵**注意同音詞的使用：**同音詞就是語音相同而意義不同的詞。在口語表達中脫離了字形，所以同音詞用得不當，就很容易產生誤解。如「期終考試」就容易誤解為「期中考試」，所以在這不如把「期終」改為「期末」，就不會造成誤解。

⑶**少用文言和方言：**與人交談中，除非有特殊需要，一般不要太過文言，文言的過多使用，容易造成對方的會錯意及誤解，不利於意思的表達。

⑷**說話時要注意適當的停頓：**書面文章要借助標點符號把句子斷開，以使內容更加具體、準確。在口語中我們借助的是停頓，有效地運用停頓，可以使你的話明白、動聽，減少誤解，有些人說起話來像開機關槍，特別是在激動的時候就不注意停頓了。

一位中年人在下班途上遇到一群剛看完電視球賽轉播的學生，問他們：「這場比賽誰贏了？」

其中一個學生興奮地說：

「中華隊打敗日本隊獲得冠軍。」

這位中年人迷惑了：到底是中華隊打敗了日本隊，還是日本隊獲得了冠軍呢？他只好再問另一位學生，才知道是中華隊勝了。所以，我們在與人交談時，一定要注意語句的停頓，使人明白、輕鬆地聽你談話。

91 向對方道歉沒什麼

道歉伴隨著戀愛的整個過程，而學會了其中技巧，也就懂得一半破解女人的方法。

男女間愉快地相處，從戀愛到順利地訂婚、結婚，必須練習兩大技巧：道歉與原諒，這兩種技巧就像飛鳥的雙翼，沒有它們，愛的飛鳥就無法飛翔。道歉與原諒是相輔相成的。當一方勇於道歉時，另一方要原諒就很容易；當一方常常心胸寬大地原諒對方，對方自然願意誠心地道歉，如果一個男人知道他不會被原諒，道歉對他來說自然是多此一舉了。

以下是幾點向女人道歉時的建議：

⑴先說你很抱歉

當你先說你很抱歉的時候，表示你願意開放你的耳朵聽她的抱怨。簡短地向她說你抱歉的原因，不要做任何解釋，越簡短效果越好。

⑵認真傾聽她的反應

當你說抱歉，表示你關心她的感受，願意聽她表達她的感覺。一旦她表達完了，千萬不要想解釋或和她爭辯。如果她還有更多話要說，就讓她說個夠，如果沒有，就可以採取第三個步驟。我們知道聽女人抱怨不是件容易的事，只要你盡力而為就好，畢竟一時的忍耐可以避免幾個禮拜的不愉快。當女人心情不好，她希望對方能夠了解那種感覺。

(3)用負面形容詞進行解釋

當你犯錯了，請記得用負面形容詞描述你所犯的錯。以下是幾個以負面形容詞描述的例子，讓我們看看女人會有什麼樣的感覺。

當你說：「很抱歉我遲到了，我真是太不體貼了。」

她會覺得：「沒錯，你真的很不體貼。既然你知道我的感覺，我心裡就好過多了。只要不是每次都遲到就好了。你不需要凡事完美，只要你有想到我在等你就好，沒什麼，我原諒你。」

當你說：「很抱歉讓妳在宴會中受到冷落，都是我太不體貼了，這是很糟糕的事。」

她會覺得：「對啊，你真是太不體貼了，但是你能夠了解就表示你不是真的那麼糟糕。我想你並不是故意要在宴會中冷落我的，我願意原諒你。」

當你說：「我很抱歉說了不該說的話，我太容易生氣了。」

她會覺得：「你在氣頭上，所以根本聽不進我說的話。我想我也有錯，至少他是在乎我，所以試著聽我說話，我應該原諒他。」

在以上幾個例子當中，男人用幾個負面形容詞：不體貼、容易生氣的、糟糕的。女人對於男人用這些形容詞來道歉，永遠不嫌煩。就像男人聽到：謝謝你、很有道理、好主意、感謝你的耐心這些句子，也永遠不嫌煩一樣。

男人必須使用適當的字眼向女人道歉，才會奏效。而女人在原諒男人時也是有方法的。以下是一些例子：

當他說：「很抱歉我遲到了，我實在太不體貼了。」

妳應該說：「沒關係，下次先打電話給我吧！」

當他說：「很抱歉你在宴會中受到冷落，都是我太不體貼了，這是很糟糕的事。」

妳應該說：「沒什麼，只要知道你不是故意的就好了，我相信你會補償我的。」

當他說：「我很抱歉說了不該說的話，我太容易生氣了。」

妳應該說：「謝謝你，你不需要說這些，你能試著去了解我的想法，我就很感激了。」

當一個女人以上述表達方式原諒對方，可以避免激怒男人，並使他更有責任感、更體貼她的需要。

如果男人的道歉都能得到對方的原諒，他會越變越體貼。

而女人如果能夠體會寬容原諒的力量，她可以拋開那些使她怨恨的小事，不讓這些小事在她心中累積，反而變得更關愛對方。

92 別耽誤你不愛的人

被人所愛原是一種幸福，但被不喜歡的人糾纏，將會不勝其擾。拒絕求愛要狠心地說出，輕輕地撫平，猶豫只會使彼此傷得更深。

被愛是一種幸福，只要愛你的人正是你所愛的人。但是，假如愛你的人並不是意中人，或者你一點也不喜歡他，就不會覺得被愛是一種幸福了，你會反感甚至是痛苦，這份並不需要的愛就成了精神負擔。

別人愛你，向你求愛，他（她）並沒有錯；你不喜歡，拒絕他（她）的愛，你也沒錯。關鍵的是看你怎樣拒絕，如果拒絕得恰到好處，對雙方都是一種解脫，也可以免去許多麻煩。如果你不講究方式，沒有恰到好處地拒絕對方，就可能會犯下錯誤，不但傷害了對方的心，自己也痛苦。

長輩安排的相親，你也許曾經有過這樣的左右為難，因為對方並沒有使你心動，你甚至覺得兩個人不相配也不適合，然而對方卻單方面認定了你。雖然每次見面都會使你感到不舒服、不愉快，但由於對方是上司介紹的，可能是上司的子女，一想到對方的身分、上司的威嚴，想要謝絕往來的話完全說不出口。有時候，也許是為了顧全對方的面子而難以開口說個

「不」字，或者懾於對方的主動，你不知所措，被這份多餘的愛折磨得痛苦不堪，不知該如何去做。

怎樣對愛你的人說出你對他沒有同樣的感情，並在不傷害對方的情況下，使他接受這個事實呢？

拒絕求愛的方法有多種，但可以口頭交談，是最需要勇氣和智慧的一種，以下幾點技巧，可以作為參考：

(1)直言相告，以免誤會

你若已有意中人，又遇求愛者，那麼就直接明確地告訴對方，你已有愛人，請他另選別人，而且一定要表明你很愛自己的戀人。同時，切忌向求愛者炫耀自己戀人的優點、長處，以免傷害對方自尊心。

(2)講明情況，好言相勸

倘若你認為自己年齡尚小，不想考慮個人戀愛問題，那就講明情況，好言勸解對方。

(3)婉言謝絕

倘若你不喜歡求愛者，根本沒有建立愛情的基礎，可以在尊重對方的基礎上，婉言謝絕。對自尊心較強的男性和羞澀心理較重的女性，適合委婉、間接地拒絕。因為有這類心理的人，往往是克服了極大的心理障礙，鼓足勇氣才說出自己的感情，一旦遭到斷然的拒絕，很容易感覺受傷害，甚至痛不欲生，或者採取極端的手段，以平衡自己的感情受創傷。因此拒絕他們的愛，態度一定要真誠，言語也要十分小心。你可以告訴他（她）你的感受，讓他（她）明白你只把他（她）當朋友、當同事或者當兄妹看待，你希望你們的關係能保持在這一層面上，你不願意傷害他（她），也不會對別人說出你們的祕密。

你不妨說：「我覺得我們的性格差異太大，恐怕不合適。」

「你是個可愛的女孩，許多人喜歡你，你一定會找到合適的人。」

「你是個很好的男人，我很尊重你，我們能永遠當朋友嗎？」

如果對方沒有直接示愛，只是用言行含蓄地暗示他們的感情，那麼，你也可以採取同樣的辦法，用暗含拒絕的語言，用適當的冷淡或疏遠來讓他（她）明白你的心思。

要記住，拒絕別人時千萬不要直接指出或攻擊對方的缺點或弱點，因為你覺得是缺點或弱點的東西，對自己或某些人也許並不認為是缺點。所以，不能以一種「對方不如自己」的優越感來拒絕對方。特別是一些條件優越的女孩子，更不能認為別人求愛是「癩蛤蟆想吃天鵝肉」一推了之，或不屑一顧，態度生硬，讓人難以接受。

(4)冷淡、果斷

如求愛者是那種道德敗壞或違法亂紀的人，你的態度一定要果斷。拒絕就要冷淡，對這類人也無必要斥責，只需寥寥數語，表明態度即可，但措辭語氣要嚴謹，不使對方產生「尚有餘地」的想法。

對嫉妒心理極強的人，態度不必太委婉，可以明確地告訴他（她），你不愛他（她），你和他（她）沒有可能，這樣可以防止他（她）猜忌別人。如果你另有所愛，最好不讓他（她）知道，否則可能加劇他（她）的妒恨心理，甚至被激怒而採取極端的報復行為。

另外，對方在你回絕後，如果還依然來纏你，那麼你首先要仔細檢查一下自己的回絕態度是否明確和堅決，對方是否產生了誤解；其次可以向親友長輩求助，通過中間人出面勸說；如果對方威脅你，先不要害怕，及時告知雙方長輩，用溝通化解危機。

93 甜言蜜語是生活調味劑

該說的話不說，不該說的話偏偏常常說，夫妻感情怎麼會好？適度地說些情話，是對對方的體貼。

人與人的交談中總帶有一些廢話：陌生人見面有禮節的客套，客人見面要寒暄一番，批評的話常常用委婉的說法表達出來……這些看來無關緊要的「廢話」卻是人際交往中不可缺少的工具。

妻子回到家，推開門，丈夫劈頭就問：「怎麼這麼晚才回來？」而妻子也許遇上了不順心的事，已經是急匆匆地趕回家來的，一聽這話就火了：「我晚回來關你什麼事？」丈夫也火了：「我問錯了嗎？我問你怎麼會這麼晚才回來，又有什麼不對？」

的確，單單把丈夫的話寫出來分析，是沒有什麼不對，他要了解一下妻子晚回來的原因，其中包含著關心的意思。那麼，問題出在哪裡了呢？讓我們來看看，要是給這些話加上點無關緊要的「廢話」，效果會怎麼樣。

丈夫說：「曉玲，你回來了！今天好像晚了點……」其實，你別問下去，妻子就會說明晚歸的原因了。同樣問詢晚歸的原因，加了幾句額外的話，就會讓人感到親切和體貼。

同樣，如果丈夫那句直率的問話已經出口了，妻子在回答時注意加上一、二句無關緊要的「廢話」，比如說：「你瞧，我這不是回來了？」或者「真對不起，你很擔心吧？」這樣，兩個人也不致於吵起來，即使妻子不忙解釋原因，丈夫焦急和不耐煩的心情也能緩解了。

對於這種近乎於婆婆媽媽的事，做丈夫的往往很不在意。比如：

丈夫趕著要上班，溫柔細心的妻子反覆叮嚀：「中午飯後別忘了吃藥」，「下午會變天，帶件外套再走。」丈夫不耐煩地說：「你有完沒完？嘮嘮叨叨的」，試問，妻子這時會怎樣想？妻子自然會感到傷心和委屈。

再如，丈夫下班回到家裡，帶回妻子交待該買的菜，幫著太太拖地整理客廳。妻子問什麼他答什麼，一言兩語、乾淨俐落。可是，妻子總覺得還缺少點什麼，跟姐妹們話家常時，不無埋怨地說：「我那口子老實得像塊木頭，三拳頭打不出句話來。」原來，妻子內心在期待著丈夫除了講這些最「實用」的話之外，再加一些溫存的「情話」。

情話似乎是無關緊要的「廢話」。

但人們在戀愛的時候，都需要許許多多的這類廢話。一言一語，一舉一動都充滿著只有對方才體會到的情意。可是，在婚後夫妻交往中，對這種廢話的要求減少了，從個人的感覺來說，既已成夫妻，再說那些「年輕人」的熱情的話似乎有點不好意思。夫妻間事務性的「正經話」越來越多，含情脈脈的「情話」則越來越少。時間一長，必定會感到失去了什麼，逐漸產生「家庭是愛情的墳墓」之感覺。

從戀愛到結婚乃至家庭生活的不同階段中，對語言交往的情話要求並不是一成不變的，注意一下其中的變化有助於夫妻間保持親密和諧的關係。

例如，丈夫不慎遺失了一百元，回家告訴妻子。妻子既感到可惜，又埋怨丈夫不謹慎，不禁叨嘮起來，從丈夫平時粗心大意的作風講起，舉了日常生活中許許多多實例，叮囑丈夫下回要把錢放好……，這種批判也可以說是廢話的一種，這時候，廢話太多還不斷地重複，聽的一方哪受得了，最後，免不了要吵起來。

其實，當夫妻一方有了過失並已認知到了的時候，另一方不僅不能有過多的廢話，而且還應該要盡可能簡略一些。設想一下，丈夫丟了錢，妻子聽了後，就簡簡單單說一句：「丟了就丟了，不過，你亂放東西的習慣是得改一改。」這句話既把批評的意思講了，又充滿著對丈夫的信賴和體貼，充分尊重了他的自尊心。這時丈夫也必懊惱和反省，妻子只需點一點，就足夠引起他的重視了。

94 替所愛的人分憂解勞

在女人心情低落時，男人不必慌亂，適當地給予安慰即可。

當女人心情不好時，最需要的就是男人的愛。

當女人感覺到有人在背後支持她，心情容易因此慢慢轉好，雙方即可渡過短暫的低潮。當女人心情不好時，男方一定要用適當的語句給予安慰，千萬不能口不擇言，讓對方有火上加油的感覺，下面就一些比較具體的例子加以說明：

(1)當女人心煩意亂時

她會開始抱怨她的生活，男人這時只要傾聽她的抱怨，別不理她，等她說完她所必須做的事後，男人不用幫她尋求解決方案，她真正需要的是讚美。

如果她說：「我沒時間出去，我有好多事要做，做不完了。」

這時，男人不能說：「那就別做這麼多事，你應該好好休息，放鬆一下。」而是應該說：「你真的有好多事要做。」然後，體諒地聽她細說每一件事。聽她說完後，主動問她是否需要幫忙。

(2)當她擔心男方不夠愛自己時

她可能會開始問很多問題，有的關於他們之間的關係，有的則是關於他的感覺。例如他有多愛她，或他覺得她的身材如何等問題。這時候，不需要為這些問題尋求理智的答案，因為她只是想確定一些事實罷了。

例如，如果她說：「你覺得我胖嗎？」

男人不能回答：「是啊，你是沒有模特兒的身材，可是模特兒都是餓出來的。」或「你不需要這麼苛求自己，我不在乎你的身材。」而是應該說：「我覺得你很美，而且我喜歡這樣的你。」然後給她一個擁抱。

如果她說：「你覺得我們相配嗎？你還愛我嗎？」

男人不該說：「我覺得我們還有些方面必須再溝通。」或「你還要問幾次？這個話題我們已經討論過了。」

而是最好這樣說：「是啊，我好愛你。你是我生命中最特別的女人。」或「我越了解你，就越愛你。」

(3)當她覺得怨恨

通常，當女人心情愉悅，她會付出更多，同時也希望得到更多的回報。當她發現她付出的遠比她所獲得的要多，而且她心情正好又處於低潮時，她會產生怨恨的感覺，對象有可能是伴侶、工作、生活、父母甚至交通狀況。男人在這時候千萬別指責她，罵她想法太負面或不講理，也不要嘗試立即把她從這些情緒中拉出來。

如果女人說：「我討厭我的主管，他對我要求太多了。」

男人千萬別說：「他可能不知道你已經做了很多事了，他只是希望你能有最好的發揮。」或「你應該告訴他你的負擔夠大了，直接拒絕他。」

你可以說：「他不知道你做了這麼多事，他到底想怎樣？」然後，聽她抱怨。

如果一個女人因為某件事而產生怨恨的感覺，她最不希望的就是對方將那件事看得一點也不重要，反而認為她小題大做。她需要的是把事情說出來，發洩一下她的情緒，希望對方跟她站在同一戰線上。這也就是親密關係的意義所在，她希望對方是她的親密盟友。

女人希望與男人分享完全的自己，需要知道自己是被深愛著的。

95 讚美讓對方愉悅

良言半月三冬熱，惡語傷人六有寒；一句良言也許可以改變你一生的命運。

讚美對於一個女人來說，非常重要，因為女性常以情感來體驗生活。作家里昂梅爾遜和他的妻子夢絲是在二月二十三日結婚的，里昂說：「我永遠不會忘記我們結婚的日子，因為那是在華盛頓生日的後一天。」但他的新娘卻說：「我永遠不會忘記華盛頓的生日，因為那是在我們結婚的前一天。」

舉世公認的浪漫情人法國男人們，很習慣讚美女人的衣著裝扮，而且見一次面不會只讚美一次，而是一想到一注意到就讚美，這是因為他們的教養，懂得讚美的重要。

讚美對於家庭婚姻的幸福也是不可少的。妻子或丈夫在適當的時候，說些讚美、鼓勵對方的話，也就無異於時時為婚姻增加保障。

有一天晚上，皮爾爵士和他年老的妻子同赴倫敦一個戲劇界的宴會。一走進會場時，他就被一大群美人包圍了，大家都想給這個偉大的評論家一個好印象。然而，爵士卻轉頭對挽著他手臂的夫人說：「親愛的，讓我們找個清靜的地方坐下吧，今晚你看起來是這樣漂亮，我只想單獨和你聊天！」

在這種場合裡，大名鼎鼎的爵士對年老的妻子有這樣一番讚美，無疑地，他們的婚姻生活是令人羨慕和讚歎的。

兒童得到鼓勵和讚賞，對於學習成長和未來發展，就如得到一塊自信的基石一般。因為人在童稚時智慧、身材、膽識和勇氣都還弱小，所會遭遇到的挫折與失敗卻不下於成人，他們特別需要信心的建立，哪怕一丁點誠懇的讚賞，都能漸漸地幫助孩子培養出良好的個性、氣度，受用終生。

有位年輕母親分享令她心痛的一件事：

她的孩子常常因做錯事而受到她的責備。有一天，孩子一點錯誤都沒有犯，到了晚上，她催孩子回房上床，轉身離開，突然聽到孩子的哭泣聲，她回過身，見孩子正把頭埋在枕頭中，在抽泣中問她：「難道今天我沒有做一個好孩子嗎？」

這一問就像觸電一樣震動了媽媽全身，年輕的母親想到，當孩子做了錯事時，自己總不放過機會糾正他；但當兒子極力往好的方面努力時，做媽媽的卻沒有注意到，連一句表揚鼓勵的話都沒說過。

96 意見也是種讚美

一味和顏悅色地鼓勵對方，並非和睦相處最好的方法。有時在對話中加入一些意見，反而使對方產生被重視的感受。

有一位中年男子，最近終於娶得一位年輕美麗的嬌妻，每到吃晚飯時，妻子總會體貼地問他：「今天的菜如何？」為了不使妻子失望，他都回答：「很好吃！」妻子往往仍不滿足，繼續追問：「真的好吃嗎？難道沒有別的話可說？」這事使這位中年男子深感困擾，不知如何應對。

後來，朋友教他：「給妻子少許的意見，就是最好的答案。」於是回家後，他便大膽地嘗試。當妻子再次問他菜餚是否美味時，他立刻回答：「好吃！不過鹹了些。」果真，妻子聽了之後，不但沒有生氣反而非常地欣慰，因為這句話顯示了丈夫對她的重視。

97 別總是打破砂鍋問到底

凡事太聰明不是聰明，忘我、糊塗才是機靈。個人利益置腦後，無私，一家和平。

有些人事事都要弄個明白，什麼事都要討個道理，這些人看似聰明，其實反被聰明誤了。世間並非任何事都能說清，家務事就永遠說不清，俗話說：「清官難斷家務事。」同理，世間並非任何事都有個說法，有個原則，如家庭的事就常找不到個說法，就沒有什麼原則。

處理家事的最好辦法就是裝糊塗！對待家庭糾紛的最大原則就是無原則！這就是治家的糊塗學，這就是糊塗治家的靈丹妙藥！反之，不以糊塗治家，而處處精明，處處講理，這樣的家庭十有八九會破裂。

其實，這正是中華傳統文化之精髓，中庸在家治中的妙用。《禮記》中說：「父子篤，兄弟睦，夫婦和，家之肥也。」說的正是這個道理。

凡人都有個人的利益，都有自己的個性，都有自己的習慣。人與人相處，利益不同便有衝突，或為地位，或為錢財；如若個性不同，一個好動，一個愛靜，定無法調和；習慣上更是如此。

若在社會上這種利益、個性、習慣的衝突可以協調。兩人爭一個升職的位置，一個上，另一個可以調走，在別處發展，戰火自熄。個性不同，不交友，淡而處置，上下班點頭而過。井水不犯河水，也不會有什麼難事。習慣不同在工作單位很難引起衝突，各吃各的飯，各穿各的衣，八竿子打不到對方。

但是在家庭生活中，若存在著利益、個性、習慣的衝突，那就真是個大問題。如何才能使家庭和睦呢？

家庭生活中的親情原則，是一件好東西，應該代代傳承。在一個大家庭中若要維持好一個家庭，沒有一種克己、無私的精神是絕對不行的。

糊塗治家學宣導一種克己的治家原則正在於此。家庭中總是有衝突的。幾代人之間總是有矛盾的，這些衝突怎樣解決？這些矛盾怎樣調和？

用金錢顯然是不行的，因為家庭不是市場，家庭內的人際關係並不是一種商品交換關係。用壓制？顯然也是不行的，家長說了算，不考慮後輩的時代已經過去。封建專制已成昔日的黃花。那麼，靠什麼呢？糊塗學說，只有靠克己靠無私。也就是說靠家內每一個成員對自己利益的克制，對對方的理解。

「克己」，「無私」，這似乎是上一時代的口號，在自私自利的當下似乎有點不合時宜，但糊塗學堅持這一條，並認為這正是糊塗治家學的高明之處。在這方面，中華傳統文化有著深厚的文化資源供我們開發。

98 承諾是家人的定心丸

言必行，行必果，可體會到真實自我價值。反之，遊戲人生，碌碌無為，這何嘗不是一種遺憾呢？

一次八點二級的地震幾乎鏟平一座城市，在幾分鐘的短短時間裡，數百人喪生瓦礫堆中。

在一陣天崩地裂與混亂之中，有位父親將安全地安置好了他的妻子以後，跑到兒子就讀的學校，迎面觸目所見，校園竟夷為平地面目全非。

看到這令人傷心的一幕，他想起了曾經對兒子作的承諾：「不論發生什麼事，我都會在你身邊。」至此，父親熱淚滿眶。面對看起來是如此絕望的瓦礫堆，父親的腦中仍記著他對兒子的諾言。

他開始努力地回想兒子每天早上到學校後奔跑的方向，記起兒子教室的位置，認出那幢傾倒的建築物，他跑到那兒，徒手在碎石礫中挖掘搜尋兒子的下落。

當父親正在挖掘時，其他的學生家長也趕到了現場，悲傷紛亂地叫著：「我的兒子呀！」「我的女兒！」由於餘震不斷，不時地天搖地動、沙石亂舞，有些好意的家長試著把這位父親勸離現場，告訴他「一切都太遲了！」、「無濟於事的」、「算了吧。」等等，面對這些勸告，這位父親只是一一向他們說：「你們願意幫助我嗎？」然後依然繼續進行挖掘工作，一瓦一礫地尋找兒子。

不久後，消防隊隊長出現了，也試著把這位父親勸走，對他說：「火災頻傳，隨時可能發生爆炸，留在這裡太危險了，這邊的事交給救難人員處理，回家吧。」而父親仍然只說著：「請你們一起幫助我？」

員警也趕到現場，同樣要求父親離開。這位父親依舊回答：「請你們一起幫助我？」然而，卻沒有一個人幫助他。

只為了要知道親愛的兒子是生是死，父親獨自一人鼓起勇氣，繼續進行他的工作。

時間一分一秒地流逝，挖掘工作持續了三十八小時之後，父親推開一塊大石頭，隱約聽到了兒子的聲音。父親尖叫著：「書曼。」他聽到了回音：「爸爸嗎？是我，爸，我告訴其他的小朋友說，如果你活著，你會來救我的。如果我獲救，他們也會獲救。你答應過我的。『不論發生什麼事，你都會在我身邊』，你做到了，爸！」

「你那裡的情況怎樣？」父親問。

「我們有三十三個人，其中只有十四個人活著。爸，我們好害怕，又餓又渴，謝天謝地，你來了。教室倒塌時，剛好形成一個三角形的洞，救了我們。」

「快出來吧！兒子！」

「不，爸，讓其他小朋友先走出去吧！因為我知道你會來接我的！不管發生什麼事，我知道你都會在我身邊！」

99 從正向表達情緒

在兩性互動中，女人常以感覺作為判定感情的條件，希望男人能主動發覺自己的需要，關心自己照顧自己，但男人摸不清女人的心意，想付出卻搞錯方向。

女人必須先了解她應該直接表達自己的需求，而且是不帶怨言地表達。女人需要重複感到男人是非常願意為她伸出援手的，如果她的先有所埋怨或先表現出自己的不滿，然後才提出要求，通常對男人而言是行不通的。

比如說：

「我們從來不出去玩。」

「我們很久沒有做些有趣的事了。」

「老是做同樣的事對我已經厭煩了。」

就不如說：

「你下星期陪我去聽音樂會好嗎？」

「這個週末讓我們找些好玩的事做。我們到野外去烤肉吧！」

「我們這個週末到海邊玩好不好？」

女人如果能學著以正面的方式表達她的需求，男方才容易積極地回應，愉快地接受。她才能發展出男女關係中最重要的交往技巧。

話不投機半句多
30 歲前一定要學會的 99 種說話技巧（全新修訂版）

作　　者　王祥瑞

發 行 人　林敬彬
主　　編　楊安瑜
編　　輯　陳亮均．王艾維
助理編輯　黃亭維
內頁編排　于長煦．王艾維
封面設計　王雋夫

出　　版　大都會文化事業有限公司
發　　行　大都會文化事業有限公司
11051 台北市信義區基隆路一段 432 號 4 樓之 9
讀者服務專線：（02）27235216
讀者服務傳真：（02）27235220
電子郵件信箱：metro@ms21.hinet.net
網　　　址：www.metrobook.com.tw

郵政劃撥　14050529 大都會文化事業有限公司
出版日期　2013 年 1 月初版一刷
2014 年 12 月修訂初版一刷
定　　價　250 元
I S B N　978-986-5719-34-0
書　　號　Success-074

First published in Taiwan in 2013 by Metropolitan Culture Enterprise Co., Ltd.

4F-9, Double Hero Bldg., 432, Keelung Rd., Sec. 1, Taipei 11051, Taiwan
Tel:+886-2-2723-5216　Fax:+886-2-2723-5220
Web-site:www.metrobook.com.tw
E-mail:metro@ms21.hinet.net

大都會文化
METROPOLITAN CULTURE
大都會文化

國家圖書館出版品預行編目 (CIP) 資料

話不投機半句多：30 歲前一定要學會的 99 種說話技巧 / 王祥瑞著.
-- 修訂初版. -- 臺北市：大都會文化，2014.12
256 面；14.8×21 公分
ISBN 978-986-5719-34-0（平裝）

1. 溝通技巧 2. 說話藝術

177.1　　103023036

大都會文化
METROPOLITAN CULTURE

大都會文化
METROPOLITAN CULTURE